Mohammed Zouiten

Approche par Ontologies pour le suivi de la Géodynamique des maladies

Mohammed Zouiten

Approche par Ontologies pour le suivi de la Géodynamique des maladies

Les Systèmes d'Information Géographiques, les Ontologies et la Santé

Presses Académiques Francophones

Impressum / Mentions légales

Bibliografische Information der Deutschen Nationalbibliothek: Die Deutsche Nationalbibliothek verzeichnet diese Publikation in der Deutschen Nationalbibliografie; detaillierte bibliografische Daten sind im Internet über http://dnb.d-nb.de abrufbar.

Information bibliographique publiée par la Deutsche Nationalbibliothek: La Deutsche Nationalbibliothek inscrit cette publication à la Deutsche Nationalbibliografie; des données bibliographiques détaillées sont disponibles sur internet à l'adresse http://dnb.d-nb.de.

Coverbild / Photo de couverture: www.ingimage.com

Verlag / Editeur:
Presses Académiques Francophones
ist ein Imprint der / est une marque déposée de
OmniScriptum GmbH & Co. KG
Heinrich-Böcking-Str. 6-8, 66121 Saarbrücken, Deutschland / Allemagne
Email: info@presses-academiques.com

Herstellung: siehe letzte Seite /
Impression: voir la dernière page
ISBN: 978-3-8416-2659-2

Zugl. / Agréé par: Fez, USMBA, faculté des sciences, 2014

"La persévérance, c'est ce qui rend l'impossible possible, le possible probable et le probable réalisé."

- Robert Half

AVANT PROPOS

Remerciements

Au Nom de Dieu.

J'adresse mes vifs remerciements à mes honorables professeurs, Mr Mostafa HARTI et Mr Chakib NEJJARI pour leurs aides prodigieux et leurs précieuses directives tout au long des étapes de la thèse.

Je tiens aussi à exprimer ma gratitude et ma grande estime à Monsieur le Doyen de la Faculté de médecine et de pharmacie Monsieur Moulay El Hassan FARIH, qui n'a jamais épargné d'efforts en donnant au « staff » de la faculté des conseils pertinents pour mener à bien leur avenir.

Ma profonde reconnaissance s'adresse à toute l'équipe du Service Informatique de la faculté de Médecine et de Pharmacie de Fès et spécialement Mr EL FERINDI Hassan, Mr LAZRAK Hammad, Mr HANINE Marwan ainsi que tout le groupe qui m'a beaucoup aidé à réussir ma mission au sein du service Technique et Informatique.

Je tiens à présenter particulièrement mes profondes gratitudes à Mme la professeur EL RHAZI Karima et Mme la professeur BENNANI Bahia pour leur aide, ainsi que tout le corps professoral de la faculté des sciences Dhar el Mehraz et la faculté de Médecine et de Pharmacie de Fès pour leurs efforts précieux et leur vigilance à nous mettre dans le bon chemin de la recherche et du développement informatique.

Merci à tous

DÉDICACE

Je dédie Mon Travail.

En témoignage de mes reconnaissances pour vos sacrifices et vos encouragements veuillez trouver dans ce modeste travail le fruit de toutes vos peines et vos efforts :

- A ceux qui ont consacré leur vie pour moi : Mes Chers Parents

- A Ma mère : en témoignage de sacrifice, de solitude et solidarité.

- A mes frères, ma femme: en témoignage des Liens Solides qui nous Unissent.

- A mes amis : en témoignage du Soutient et accompagnement quotidien

- A tous mes enseignants.

- A Toute ma Famille et tous Ceux Qui me sont Chers.

Résumé

A l'instar de toutes les sciences et technologies, les sciences géomatiques ne cessent d'évoluer et de s'imposer. Ces dernières englobent plusieurs disciplines telles que les Systèmes d'Information Géographiques sur le web, l'imagerie satellitaire, le positionnement dynamique en temps réel par satellites GPS etc. En effet, le monde entier connait une production de grandes quantités de données géo-référencées à un coût beaucoup plus abordable qu'il y a une décennie. Il suffit de songer à naviguer sur internet et découvrir des produits comme Google Map ou MapQuest pour le constater. Par contre, il ne doit pas s'agir seulement de systèmes SIG simples de recueil de données cartographiques provenant d'une source unique, peu à jour, incomplètes et qui offrent une précision limitée, mais plutôt, de systèmes implémentant des architectures nouvelles et sophistiquées de collecte, d'exploitation et de manipulation de ces données.

Ce scenario incite alors les concepteurs à rendre ces systèmes interactifs, animés et extensibles d'une part. Et conduit à un certain nombre de défis de recherche intéressants d'une autre part. Par conséquent, plusieurs technologies libres et ouvertes émergent depuis quelques années dans la diffusion d'information géographique sur le Web. Ces technologies mettent l'accent sur la façon d'explorer les données et d'intégrer l'information géographique de différents types dans le web.

Dans le but de suivre leur dynamique géographique et lier une ou plusieurs maladies à l'environnement et au territoire, la motivation humaine et fondamentale de ce travail est non seulement de proposer une architecture appropriée à l'utilisation des services web géographiques tels que WFS, WMS et WCS ; permettant l'intégration de l'information géographique, mais aussi d'intégrer une composante fondamentale à notre égard dans la modélisation à savoir « les ontologies ». La solution proposée est alors un système axé sur la notion d'ontologie de l'information médicale à partir de thésaurus médicaux, elle agit comme un intégrateur de l'information médicale dans un contexte de cartographie sur le web. Dans ce système, la création d'une ontologie précède la création de la base de données, et la coopération de ces composantes vise la satisfaction des objectifs du système global.

Cette émergence, permettra certes une avancée scientifique et technique. En effet, cette nouvelle approche doit certainement favoriser l'optimisation des études médicales des phénomènes, la minimisation des couts ainsi qu'une meilleure répartition des ressources humaines et logistiques déployées pour des fins de santé publique.

Notre approche s'inscrit dans une démarche de démontrer que si les principaux projets utilisant des ontologies ne visent pour le moment que la gestion de connaissances au niveau sémantique, les ontologies médicales associées aux pouvoirs des SIG pourraient permettre à terme la création de systèmes capables non seulement de gérer des connaissances mais aussi de raisonner sur ces connaissances afin d'en produire de nouvelles projections.

ABSTRACT

Like other sciences and technologies, Geomatics continue to evolve. These last include several disciplines such as Geographic Information Systems on the web, satellite imagery, dynamic real-time positioning GPS satellites etc. Indeed, the whole world knows production of large amounts of geo-referenced to a much more affordable that there is a decade data. Just think of surfing the internet and discover products like Google Maps or MapQuest. By cons, it should not be just mere collection of GIS mapping data from a single source, regardless of date, incomplete and offer limited accuracy, but rather, systems implementing new and sophisticated architectures collection, exploitation and manipulation of the data.

Geographical Information Systems (GIS) has strong capabilities in mapping, analyzing not only spatial data, but also non-spatial data, and integrating many kinds of data to greatly enhance disease surveillance. It can render disease data along with other kinds of data like environmental data, representing distribution contagious disease with various cartographical styles.

To solve these problems, the Open Geospatial Consortium (OGC) has introduced standards by publishing the specifications for GIS services. OGC has variety of contributors from different areas such as government agencies, private industry, and universities aiming at growing the interoperability for technologies involving spatial information and location. Its mission is to promote the development and use of advanced open system standards and techniques in the area of geo-processing and related information technologies delivering spatial interface specifications that are openly available for global use.

In order to follow their geographical dynamics and link one or more diseases to the environment and territory, human and fundamental motivation of this work is not only to propose an appropriate architecture for the use of geographic web services such as WFS, WMS and WCS, enabling the integration of geographic information, but also incorporate a key component for us in modeling namely "ontologies". The proposed solution is a system based on the concept of medical ontology from medical thesaurus; it acts as an integrator of medical information in the context of web mapping. In this system, the creation of ontology precedes the creation of the database, and the cooperation of these components is designed to fulfill the objectives of the overall system.

Our approach is an approach to demonstrate that if the major projects using ontologies are intended for the moment that knowledge management at the semantic level, medical ontologies related to the powers of GIS could eventually lead to the creation of systems capable not only manage knowledge but also to reason about this knowledge to produce new projections.

ملخص

من المسلم به اليوم أن البشرية تعيش عصر المعلومات الذي يتميز بتعدد معطياته وتشابك جوانبه. ولعل أهم ما يميز هذا العصر ما اصطلح عليه بالمعلومة . حيث أن من شأن هذه المعلومة تحديد مدى تقدم الشعوب عبر قدرتها على ابتكار طرق لحمايتها والاستفادة المثلى منها في جل مجالات التنمية . كما أن ذلك يعتبر من مؤشرات تقدمها وقدرتها على اجتياز معيقات هذه التنمية .

على غرار مجموعات من المتجهات أصبح تطبيق البعد الجغرافي أكثر بالموازاة مع نظرائه من التطبيقات. حيث لم يعد يركز على دراسته الوصفية فقط بل اتجه إلى التعمق في مجموعة من القضايا في بعدها المكاني بغية دراسة جوانب أخرى و تكريس اهتمامات أكثر لخدمة خطط التنمية في المجتمع .

وكما هو معلوم فإن قطاع الصحة قطاع حيوي يعكس مدى تقدم الدول حسب منظمة الصحة العالمية. مما يضفي أهمية بالغة على حقن البعد المكاني في شتى المصادر المعلوماتية المتنوعة و المتشابكة التي تصل إلى مستوى التعقيد من حيث إمكانية التحليل.

لذا فإن نظم المعلومات الجغرافية تعتبر من احدث و ابرز مجالات الحاسب الآلي التطبيقية التي تساهم في دعم التوجهات الطبية جغرافيا باعتبار توفرها على آليات لتحيل المعلومات مكانيا بعد ربطها بالمعلوماتية الوصفية ، و إعطاء نتائج متنوعة قد تمكن من استخلاص قرارات مهمة تبرز علاقة الصحة بالمكان أو الأمكنة في حالة الأمراض المعدية مثلا .

تختلف فوائد استخدام نظم المعلومات الجغرافية عن النظم الأخرى كالإدارية منها باختلاف نوعية التطبيقات المستخدمة وطبيعة المعلومات الجغرافية المخزنة في قاعدة المعطيات.كما أن لهذه النظم أهمية كبرى بالنظر لاعتمادها على الكارتوغرافيا الرقمية وربطها بالشبكة العنكبوتية مما يمكن أخصائي الصحة من التوفر على معلومات أدق للكشف ومعالجة مجموعة من الأمراض المرتبطة ضمنيا بالمكان .ونخص بالذكر

علاقة علم الأوبئة و الإحصاء بالمعلومات الكمية حيث تلتقي نظم المعلومات الجغرافية مع هذا الاختصاص الطبي في توفير هذه النظم لوظائف خاصة بالغة الأهمية لإجراء العمليات التحليلية على البيانات الإحصائية.

تبين الدراسة إذن أن للخدمات الصحية حيزا كبيرا في دراسة جغرافية الخدمات الطبية، إذ تأتي على جانب من الأهمية في الأبحاث المكانية و تولي اهتماما خاصا لتقديم الخدمات الطبية والاجتماعية كما وكيفا حسب الخصوصيات الجغرافية. كما أن هذا الفرع من الدراسة من شأنه أن يتيح فرصة حسن توزيع الإمكانيات البشرية واللوجستيكية لقطاع الصحة على وجه الاستثناء باعتبار الخصوصيات المكانية والقدرة على تحديد الدينامية الجغرافية لبعض الأمراض بغية محاربتها وتوقع انتشارها من أجل التصدي لها بطريقة استباقية.

Table des matières

Liste des figures

ACRONYMES

- GPS : Global Positioning System
- SIG : Système d'information géographique
- WMS : Web Map Service
- WFS : Web Feature Servic
- WCS : Web Coverage Service
- OGC : Organisme gestionnaire Conventionnel
- SGBD : Système de Gestion de Bases de Données
- SQL : Structured Querry Langage
- API : Application Programming Interface
- OMS : Organisation Mondiale de la Santé
- SBC : systèmes à base de connaissances
- B2B : Business to Business
- B2C : Business to Commerce
- ISO : Organisation internationale de normalisation
- XML : Extensible Markup Language
- RDF : Resource Description Framework
- W3C : The World Wide Web Consortium
- HTML : Hypertext Markup Language
- HTTP : HyperText Transfer Protocol
- SMTP : Simple Mail Transfer Protocol
- MCD : Modèle Conceptuel de Données
- MLD : Modèle Logique de Données
- SOA : Service Oriented Architecture
- IHM : Interface Homme machine
- JSP : Java Server Pages
- CHU : Centre Hospitalier Universitaire
- MNT : Maladies non transmissibles

Partie I : Introduction Générale

CONTEXTE GÉNÉRAL DE LA RECHERCHE

Au-delà du traitement médical d'une maladie donnée, la prise en compte de certaines dimensions fondamentalement sociales et environnementales passe par des actions favorisant le développement de la santé. D'après les déclarations de l'Organisation Mondiale de la Santé (OMS), nous pouvons prétendre que la mesure de la prévalence de certaines maladies mondiales a majoritairement montré que la pérennité de certaines pandémies est principalement une conséquence des liens entre les patients et leurs entourages, d'une mauvaise répartition des ressources sanitaires, des troubles sociaux ainsi que des catastrophes naturels.

L'augmentation quasi-exponentielle des connaissances médicales et des informations sur les patients, a donc conduit à la production de grandes masses de données sauvegardées dans des corpus documentaires. En particulier, la place du territoire dans le domaine de la santé publique est devenue aussi importante qu'elle l'est dans d'autres domaines (agriculture, urbanisation…).

En effet, en considérant que la différenciation spatiale est à la fois objet et moyen de décision médicale, une attention particulière devait être portée à l'extraction de la connaissance à partir de ces masses de données d'origine et à la mise en place d'un web sémantique sanitaire et géographique à la fois. Cet enjeu entre aujourd'hui dans une phase de maturité technologique dans laquelle de grands standards ouverts sont adoptés. Les services Web géographiques et les technologies sous-jacentes participent à un mouvement de coopération et d'alliances de grande ampleur entre plusieurs participants en médecine et ce à travers :

-   La critique des données et la pertinence des partitions de l'espace sur lesquelles elles sont recueillies (familiale, biogéographiques, culturelles…) ;
-   Les lieux et les modes de vie des individus
-   Les modalités et les processus de diffusion spatiale des faits de santé :
    Cinématique des épidémies dans le temps et dans l'espace

-   La prise en compte des distances physiques, sociales et culturelles dans l'allocation des ressources sanitaires ainsi que dans l'accessibilité aux secours et soins

-   Le choix des techniques d'analyse et de modélisation considérant l'espace comme une variable explicative.

…

Cette liste n'est pas exhaustive, ce qui explique l'évolution actuelle de la cartographie sur le web. Les outils de la géomatique sont apparus dans les années 1980 mais leur exploitation est encore timide par rapport aux pouvoirs actuels du web sémantique. Par conséquent, sur le plan technique, proposer une architecture orientée services harmonique manipulant ces collections de données liées à l'espace dans un contexte de web sémantique nous parait une meilleure solution.

Une particularité de notre travail est la production d'un tableau de bord à la fois **sanitaire**, **géographique** et **sémantique** afin d'exploiter le pouvoir expressif des cartes et prendre ainsi les constituants de la région en considération aux moments de la prise de décision médicale à toutes les échelles. Les aspects épidémiologiques peuvent être analysés par la suite par des logiciels de statistique en ligne.

Problématique

Associés à d'autres outils informatiques, les Systèmes d'Information Géographiques peuvent permettre aux décideurs de la santé non seulement la planification mais aussi la prévention et la lutte pertinemment contre des problèmes de santé publique. Ils permettent également l'amélioration de la qualité du processus décisionnel à tous les échelons et par tous les acteurs concernés tous domaines confondus. En revanche, certaines spécificités des maladies comme la mobilité des patients par exemple présentent des limites de ce pack de technologies. Par ailleurs l'analyse statistique et spatiale compte tenu de la complexité des liens entre la santé et l'environnement humain et physique passe par un stade sémantique et empêche les décideurs d'obtenir les bons résultats pour en donner les bonnes interprétations. A la différence avec les données simples, les données spatiales fournissent plus d'information vu le pouvoir des cartes et permettent de mieux comprendre entre autres :

❒ Les corrélations spatiales pouvant exister entre la santé et l'environnement des populations,

❒ L'évolution des maladies liées à des zones de guerre,

❒ La nature, la répartition des véhicules d'urgence en temps réel

❒ Les données économiques des familles par quartier,

❒ La dynamique géographique d'une maladie,

❒ Les endroits fréquentés par un porteur d'une maladie transmissible,

…etc.

Par suite, d'une part les moyens actuels restent traditionnels et peuvent faire le succès de projets SIG pour la santé se reposant sur une symbiose multisectorielle (épidémiologie, Informatique, Statistiques, etc.). D'une autre part, pour les internautes du domaine, les spécialistes de géomatique et les médecins, il peut être intéressant d'avoir accès à des fonctionnalités de SIG plus avancées, sans nécessairement avoir à acquérir un logiciel SIG propriétaire, souvent très coûteux. De ce besoin sont nées les applications SIG sur le Web. Ces outils ressemblent aux applications de cartographie sur le Web mais avec une attention particulière à créer un atlas numérique en vue d'établir le profil épidémiologique **adéquat** des principales maladies... Cette nouvelle approche favorise alors la localisation dans la déclaration des maladies à déclaration obligatoire (tuberculose, cancer ou SIDA par exemple), l'adaptation de la couverture des systèmes de soin et des forces de secours aux effectifs et aux types de population ainsi que la mise en place des systèmes d'alerte par les décideurs du domaine. Cependant, le potentiel des cartes demeure sous-exploité, les technologies traditionnellement utilisées pour produire ces cartes supportent mal le processus cognitif des décideurs et des analystes cherchant comprendre un phénomène, émettre des hypothèses, et découvrir de nouvelles connaissances.

Conséquemment, en parallèle avec la technologie web, le besoin de construire un référentiel commun entre les acteurs du réseau sanitaire conduit naturellement à reposer sur une ontologie médicale. Celle-ci pourrait aider, grâce à des inférences, à améliorer la recherche d'information sur les documents partagés ou accessibles par les membres du réseau. Leur particularité c'est qu'elles possèdent un vocabulaire plus riche capable d'assurer une description détaillée des concepts pertinents d'un domaine ou d'une tâche.

En clair, une ontologie fournit les moyens d'exprimer les concepts d'un domaine en les organisant hiérarchiquement et en définissant leurs propriétés sémantiques dans un langage de représentation des connaissances formel. Ce langage favorise le partage d'une vue consensuelle sur ce domaine entre les applications qui en font usage.

Un intérêt de la thèse sera de vérifier si un web sémantique médical peut aider à la capitalisation des connaissances voire à la création de nouvelles connaissances dans un réseau jouant le rôle d'un web de connaissances. La thèse devait également permettre des avancées scientifiques sur la modélisation des données en santé et à des annotations sémantiques sur des documents des patients en prenant en compte de multiples points de vue et de multiples contextes mais en standardisant les échanges.

Dans notre cas, les services web géographiques sont annoncés comme étant à la base des applications de la cartographie Web qui répondent aux différents besoins sur le web des utilisateurs d'une manière dynamique et active. L'émergence d'Internet est entrain de révolutionner la manière considérable dont le nombre et la variété des ressources disponibles augmentent.

Notre approche implémente la notion de proximité et décentralisation où la santé est considérée comme étant une grande priorité pour atténuer les inégalités logistiques entre régions. Elle permet également d'aller au delà d'un simple traitement de patient mais plutôt de prendre en considération des connaissances produites à partir de données fournies. Un avantage majeur de ces ontologies médicales est leur réutilisation par d'autres structures. Le web offre plus de possibilités aux médecins d'accéder aux données et à l'information médicale sans redondance vis-à-vis des patients et des services précédemment fréquentés.

ORGANISATION DU MEMOIRE

Ce mémoire de thèse a été organisé en quatre grandes parties :

La première partie est dédiée à la présentation du contexte général de notre recherche tout en exprimant la problématique du sujet avant d'exposer la contribution scientifique ainsi que notre méthodologie de travail.

Nous décrivons dans la deuxième partie après un passage dans la revue de littérature, les caractéristiques fondamentales des systèmes d'information géographiques. Nous détaillons les aspects spatiaux et sémantiques de l'information et les techniques de visualisation cartographique sur le web. Nous présenterons aussi les notions des ontologies ainsi que tous les concepts relatifs pour des fins de modélisation sanitaires. En fin, nous illustrons un panorama d'études de systèmes SIG appliqués à la santé basées sur la présentation sous forme de tableaux de bord spatiaux des statistiques sanitaires cartographiées.

Dans la troisième partie, après une comparaison entre les méthodes de modélisation existantes et leurs limites par rapport à notre problématique, nous introduisons notre approche de modélisation ontologique pour la santé afin de proposer une architecture hybride différente des études conceptuelles qui existent dans la littérature.

La quatrième et dernière partie est consacrée à l'implémentation d'un prototype concrétisant toutes ces techniques de cartographie sur la web basé sur une ontologie médicale créée sous protégé et constitué de thésaurus médicaux décrivant principalement la distribution des groupes sanguins dans la région de Fès Boulemane avant de donner une conclusion générale et des perspectives de ce travail.

Partie II : Revue de littérature

Chapitre I : les Ontologies et la santé

1 Introduction

Les systèmes d'information hospitaliers (SIH) doivent avoir la capacité de centraliser et restituer des informations, et d'en tirer des connaissances médicales. Ils sont ensuite utilisés pour évaluer et améliorer la qualité et la sécurité des soins, et favoriser la recherche et l'épidémiologie. Les données issues des systèmes hospitaliers proviennent de sources hétérogènes et variées et peuvent être stockées dans des « corpus de données sémantiques » pour faciliter leur analyse (Xie et al. 2007, Skoutas et al. 2006, Sell et al. 2005), mais aussi leur exploitation (Franco et al. 1997). Dans cette phase d'intégration de données, la problématique majeure est liée aux problèmes d'hétérogénéité sémantique et structurelle des données cliniques. Les sources de données conçues indépendamment les unes des autres définissent souvent les mêmes concepts de différentes manières selon les usages de chaque source.

En médecine, l'utilisation d'une « sémantique partagée » via les ontologies, terminologies ou thésaurus facilite l'intégration de sources multiples, lorsque celles-ci sont associées à un même concept. Le web sémantique a récemment normalisé un ensemble de méthodes et d'outils permettant d'intégrer des données en les associant à des concepts d'une ontologie, suivant différentes approches : les bases de données à base ontologique (BDBO, Pierra et al. 2005) ou les SPARQL Endpoint (Prud'hommeaux et al., 2005).

1.1 Origine de l'ontologie

Dans un contexte général, bien que ce soient les Grecs qui aient inventé cette science, ils ne l'avaient pas appelé « Ontologie », le terme étant beaucoup plus récent (XVIIe siècle) que la discipline qu'il désigne. La discipline elle-même a évolué vers une voie imprévisible, il y a seulement une vingtaine d'années. En effet, l'ontologie a été abordée dans le domaine de l'intelligence artificielle pour la première fois par John McCarthy qui reconnut le recoupement entre le travail fait en Ontologie philosophique et l'activité de construire des théories logiques de systèmes d'intelligence artificielle. Il affirmait déjà en 1980 que les concepteurs de systèmes intelligents fondés sur la logique devraient d'abord énumérer tout ce qui existe.

1.2 Ontologie et bases de données

Durant les deux dernières décennies, l'intégration et l'échange d'informations sous forme de base de données a été facilité grâce aux ontologies. Une des notions les plus connues et issues de ce développement, est les bases de données à base ontologique. Il s'agit d'une source de données dans laquelle ontologie et données sont toutes les deux stockées et fusionnées de telle sorte à permettre d'effectuer les mêmes traitements sur les deux entités. Ce rapprochement entre bases de données et ontologies a pour objectif principal de faciliter **la conception et l'intégration de celles-ci dans des environnements ouverts tels que le Web Sémantique, et comme ce sera le cas du Géo-Portail que nous mettrons en œuvre.**

1.3 Ontologie de domaine

Une ontologie de domaine est définie comme étant une représentation formelle des concepts du domaine étudié ainsi que des différentes relations qui lient ces derniers. Elle décrit le vocabulaire lié à un domaine, une tache ou une activité générique comme la médecine, en spécialisant les concepts présentés dans les ontologies de hauts niveaux. Elle ne contient pas les concepts pédagogiques, narratifs et structurels (Falquet, 2004). Une ontologie de domaine est consensuelle, dans la mesure où elle est admise par tous les intervenants d'une communauté donnée. Elle est aussi référençable (Fankam et al, 2009), où toute entité ou relation décrite dans l'ontologie peut se trouver référencée par un symbole, à partir de n'importe quel contexte, afin de simplifier au mieux la sémantique de l'élément référençant.

2 Approches existantes

Les ontologies et les modèles conceptuels des données (MCD) ont comme point commun de représenter de façon structurée les données qui seront utilisées par un système d'information. Ces deux notions permettent de décrire la sémantique, c'est à dire le sens attaché à ces données et à leurs rapports. Un MCD est établi après avoir donner un nom à l'ensemble des données recensées du domaine étudié. Ensuite on étudie les relations existantes entre ces données (les dépendances fonctionnelles), pour aboutir au MCD. Mis à part cette concordance entre ontologies et MCD, trois grandes distinctions peuvent être évoquées, et sont à la base de l'apport que peuvent constituer les ontologies dans la problématique des bases de données :

➢ **Objectif de modélisation** : L'ontologie représente un schéma flexible ayant une portée plus large qu'un MCD ce qui permet, d'une part, l'exploitation de l'ontologie pour y extraire les concepts les plus pertinents, et d'autre part, l'habillage de l'application décisionnelle finale construite à partir de cette ontologie. Quant au MCD, il permet de prescrire l'information qui doit être représentée dans un système d'information donné pour répondre à un besoin applicatif précis.

➢ **Consensualité** : l'aspect consensuel qui caractérise une ontologie permet de guider le concepteur et faciliter sa tâche de conception en lui offrant un modèle de base consensuel et une vue globale du domaine d'intérêt. Les éléments de la connaissance du domaine représentés par une ontologie et pertinents pour un système particulier pourront donc être extraits de l'ontologie par le concepteur du système sans que celui-ci ait besoin de les redécouvrir. Ceci permet éventuellement de faciliter l'intégration future des BD définies à partir de la même ontologie de domaine.

➢ **Raisonnement** : l'aspect formel des ontologies rend possible l'application des opérations de raisonnement aux ontologies. Et ce pour vérifier la cohérence des informations, ou pour en déduire de l'information. D'après (Dehainsala et al., 2008), dans la plupart des modèles d'ontologies (OWL, PLIB) pour une ontologie et une classe données, on peut calculer : **i.** toutes ses super-classes (directes ou non), **ii.** ses sous-classes (directes ou non), **iii.** ses propriétés caractéristiques (héritées ou locales), **iv.** toutes ses instances (polymorphes ou locales), etc.

➢ **Identification des concepts :** pour les ontologies, les classes et les propriétés définies sont associées à des identifiants, ce qui leur permet d'être référencées à partir de n'importe quel format ou modèle indépendamment de leur structure. Au contraire, la conceptualisation effectuée dans un MCD ne peut pas être réutilisée à l'extérieur et indépendamment de ce MCD.

➤ **Atomicité des concepts** : les données dans un MCD n'ont de sens que dans le contexte particulier pour lequel il a été construit. L'ontologie contient par contre des concepts ayant des identifiants universels leur permettant d'être référencés par un autre contexte, c'est-à-dire que chaque concept est identifié de façon individuelle et constitue une unité élémentaire de connaissance. Si un MCD est construit à partir d'une ontologie dont les données font référence aux concepts de cette ontologie, il devient possible d'accéder à la sémantique de ces données et d'interroger par la suite la BD sémantiquement.

➤ **Souplesse de description** : Les ontologies sont plus souples que les MCD dans la description des instances des concepts. Il est à remarquer que les instances des classes d'une ontologie n'ont pas forcément la même structure et qu'elles peuvent ne pas initialiser les mêmes propriétés. Les ontologies sont donc beaucoup plus simples à utiliser pour des échanges ou intégrations de systèmes d'informations.

A ces apports très intéressants que peut apporter une ontologie pour la spécification d'un modèle conceptuel, l'utilisation des ontologies s'avère **indispensable pour la spécification des besoins décisionnels**, que le concepteur peut exprimer au niveau sémantique, permettant ainsi d'unifier l'ensemble des besoins.

2.1 Approches existantes entre ontologie et MCD

Au vue de la littérature, trois grandes approches permettant l'utilisation des ontologies dans la conception de bases de données, peuvent être distinguées. Il s'agit des approches a posteriori, des approches a priori, et des approches directes (Delgado et Montes, 2005 ; Sugumaran et Storey, 2006 ; Fankam et al., 2009).

2.2 Approche à postériori

Ce sont des approches dans lesquelles la conception du MCD doit être réalisée avant la recherche ou la conception de l'ontologie partagée. C'est une démarche qui vise à faciliter l'accès a posteriori d'une base de données préexistante via une ontologie. Ce type d'approche s'articule autour de trois grandes étapes (Delgado et Montes, 2005 ; Garcia et al., 2005).

i. Dans un premier temps, le concepteur construit un premier modèle conceptuel à l'aide d'un outil de modélisation classique ou au moyen d'un outil de construction d'ontologies à partir de la base de données.

ii. Ensuite, nous passons à la recherche d'une ontologie de domaine, où il est question d'identifier une ontologie partagée dont le domaine recouvre convenablement le domaine d'application de la base de données implémentée.

iii. La troisième phase est centrée sur l'identification des correspondances pouvant être établies entre les concepts (classes et propriétés) du MCD et ceux de l'ontologie partagée.

C'est-à-dire que le MCD réalisé est mis en correspondance avec une ou plusieurs ontologie(s) du domaine d'application de la base de données cible, afin de détecter les concepts et/ou relations et/ou propriétés du MCD manquant ou superflus. Il s'agit d'une étape interactive permettant au concepteur de rajouter, ou supprimer des concepts ; des relations ou des propriétés. A l'issu de chaque intervention du concepteur une vérification globale du MCD est indispensable afin de s'assurer la consistance par rapport à l'ontologie.

2.3 Approche à priori

Comme décrit dans le paragraphe précédent, les méthodes a posteriori ont la particularité de rendre accessibles ou d'échanger les données d'une base de données en termes d'une ontologie correspondant au même domaine, mais elles ne permettent pas d'aider à la conception d'une base de données, qui est une particularité des méthodes a priori. Dans ces dernières, l'ontologie est supposée existante et définie lorsque la base de données est conçue.

Il s'agit d'une démarche préconisée dans le cas d'ontologies partagées décrivant la sémantique du domaine cible, ou lorsque les applications à mettre en œuvre sont appelées à subir des évolutions. Le concepteur à la possibilité d'extraire directement des ontologies de domaine des MCD, puisque ce dernier est représenté comme étant un fragment de l'ontologie.

Les concepts, relations et propriétés de la future base de données sont directement sélectionnés à partir d'une ou plusieurs ontologie(s) de domaine afin de créer une ontologie locale et globale qui servira de base à la création du MCD de la future base de données. Dans ce contexte et pour mieux assurer la consistance et la cohérence de l'ensemble des concepts, des règles de complétude et de nettoyage sont définies.

- Règles de complétude : assurant la possibilité de l'extraction pour une classe ou relation donnée de tous les concepts ou propriétés ou relations dont elle dépend.

- Règles de nettoyage : donnant la possibilité de suppression des classes, propriétés, relations superflues ou non utilisées dans l'ontologie locale.

2.4 Approche directe

Un des enjeux actuels des SIG visant le bon management des systèmes sanitaires des hôpitaux, est de développer des systèmes capables d'intégrer plus de sémantique dans leurs traitements. Il s'agit d'un double objectif, où il faut d'abord comprendre les contenus des documents, mais aussi comprendre le besoin de l'utilisateur pour pouvoir les mettre en relation. Les ontologies sont utilisées pour représenter des descriptions partagées et plus ou moins formelles de domaine et ainsi ajouter une couche sémantique aux systèmes informatiques. C'est la raison pour laquelle on assiste à une grande émergence en termes de données à base ontologiques dans le domaine du web sémantique, puisque dans une approche directe, la structure de l'ontologie définit directement la structure de la base de données. Constituées d'instances de classes de l'ontologie, ces données ont rapidement atteint des tailles qui deviennent incompatibles avec le traitement en mémoire centrale.

Cependant, plusieurs structures persistantes de stockage des données à base ontologique ont ainsi été proposées (Alexaki et al., 2001) ; (Bozsak et al. 2002) ; (Pan et al., 2003) ; (Ma et al., 2008). Le schéma le plus simple et permettant de lier une ressource sémantique à une base de données, consiste à stocker à la fois les ontologies et les données à base ontologique à l'aide d'une présentation dite "par triplet" RDF (Resource Description Framework), « sujet – prédicat – objet ». La même représentation est également utilisée par les systèmes RDF natifs, directement construits sur des systèmes de fichiers afin gérer les données RDF indépendamment de toute base de données.

Il est à noter que dans le contexte des bases de données, le principal inconvénient d'une telle démarche est la non distinction ontologie/données exigeant ainsi un nombre important d'auto jointures de la table de triplets. Pour remédier à ce genre de problèmes, les systèmes plus récents ont proposé soit la création de vues matérialisées soit la séparation entre ontologie et données.

Une deuxième structure permettant la représentation des BDBO (bases de données à base d'ontologie) consiste à stocker les instances d'une classe ainsi que ses valeurs de propriétés dans une table relationnelle. Elle est ainsi qualifiée de représentation horizontale. Toute table associée à une classe possède une colonne pour chaque propriété utilisée pour décrire au moins une instance de cette classe. Lorsqu'une propriété est multivaluée, ses valeurs peuvent être représentées à l'aide de plusieurs types de tableaux.

L'étude de la performance d'OntoMS (Park et al., 2007) et d'OntoDB (Dehainsala et al., 2007) ont permis de retenir qu'une telle représentation aboutie aux meilleurs temps de réponse pour la plupart des requêtes typiques sur les données. Les BDBO respectent des hypothèses de typage ontologique. Ces hypothèses sont au nombre de 3 :

i.   Chaque instance appartient à une classe, dite sa classe de base, qui correspond à la classe minimum pour la relation d'ordre définie par le lien hiérarchique ;

ii. Chaque propriété est définie dans le contexte d'une classe qui définit son contexte d'application ;

iii. Seules les propriétés applicables dans le contexte d'une classe peuvent être utilisées pour décrire les instances de cette classe.

Ce type d'approche a l'avantage de conserver la notion de schéma des données, où les tables utilisées représentent explicitement la structure des données. Cet aspect a été utilisé dans OntoDB afin d'intégrer automatiquement des bases de données en utilisant cette BDBO (Nguyen-Xuan, 2006). L'exploitation de cette architecture pour résoudre d'autres problèmes de bases de données tels que la conception de modèles conceptuels ou l'indexation sémantique de bases de données est actuellement en cours.

3 Etude et Critique des approches existantes

3.1 Limites des approches existantes

Les approches décrites plus haut permettent de remédier aux lacunes et faiblesses de l'approche classique de conception d'une base de données, mais elles présentent tout de même quelques inconvénients dont les plus importants sont au nombre de deux. Il s'agit d'abord de l'extraction de concepts superflus. Il est lié à l'opération qui vise à rendre consistante les sous-ontologies extraites. Dans une telle démarche, rendre consistantes les sous-ontologies extraites des ontologies, nous somme amenés à extraire des concepts, relations et propriétés qui ne sont pas indispensables pour le fonctionnement de l'application visée.

Le deuxième inconvénient est matérialisé la qualité de l'ontologie d'avoir une hiérarchie de classe précise. Une structure de classe est imposée lors de la sélection d'un sous-ensemble de schéma. Dans le même sens, la structure de l'ontologie locale est imposée par celle de l'ontologie partagée.

Dans la section suivante, nous présentons l'approche que nous proposons pour palier aux deux inconvénients que nous venons de définir.

3.2 Notre approche de conception

Notre méthodologie de conception de base de données à partir d'ontologies s'apparente à la deuxième approche décrite plus haut en palliant aux inconvénients qu'elle présente. C'est une démarche qui vise à la fois d'aider le concepteur dans sa tâche, et de rendre le contenu résultant localement intégrable et exploitable, notamment dans un contexte du Web sémantique sous forme de tableaux de bord sanitaires.

Notre BDBO sera conçue de telle sorte à permettre au concepteur de sélectionner les concepts à intégrer dans le MCD. Elle offrira plus de contrôle du MCD par les concepteurs. Elle se basera sur la définition préalable d'une ontologie locale à la base de données à construire, et sur son articulation avec la ou les ontologies partagées du domaine. La représentation de l'ontologie locale, et de ses correspondances avec les ontologies partagées dans la base de données, permet de faciliter l'intégration automatique et l'échange des données contenues dans la base de données dans un contexte où les ontologies partagées font l'objet d'un consensus. Elle permettra donc de redéfinir entièrement la structure de classes en fonction des besoins, et d'importer des propriétés faisant partie de l'ontologie avec la possibilité de répondre à des requêtes exprimées en termes de l'ontologie et d'exporter le contenu de la base de données correspondant à des domaines couverts par l'ontologie sous forme d'individus de l'ontologie.

3.2.1 Processus de construction de l'ontologie

La construction d'une ontologie formelle en médecine, spécifiée dans un langage de construction d'ontologies, se révèle être un exercice délicat. La difficulté dépend, bien sûr, de la taille de l'ontologie à construire. Mais les problèmes ne sont pas forcément là où on les attend a priori. L'expérience montre en effet que les problèmes de modélisation des connaissances ontologiques (comment « mettre en primitives » les connaissances, c'est-à-dire décider quels sont les concepts et les relations, les dépendances ainsi que la granularité et quelle est leur notion ?) sont généralement plus difficiles à résoudre que les problèmes de représentation (comment coder les connaissances dans les constructions du langage opérationnel ?).

Pour cette raison, il semble être plus logique de procéder par étapes, en élaborant des objets intermédiaires, que l'on peut assimiler à des sous-ontologies voir même des pré-ontologies. Schématiquement, on distingue trois étapes principales :

    i. L'acquisition des connaissances ;

    ii. La modélisation des connaissances ;

    iii. La représentation des connaissances.

Dans cette section, nous allons nous focaliser sur les deux premières étapes en vue d'attaquer la troisième dans le chapitre suivant. Ces étapes sont sous le contrôle de l'application pour laquelle l'ontologie est construite. Cette dernière détermine les connaissances à acquérir et guide ensuite les choix de modélisation, puis de représentation.

Pour chacune de ces étapes, l'Ingénierie Ontologique – sous discipline de l'Ingénierie des Connaissances concernée par la construction et la maintenance des ontologies – offre des méthodes et des outils pour assister le constructeur de l'ontologie.

L'acquisition des connaissances ontologiques pour une application médicale en particulier suppose de répondre aux deux questions suivantes :

- Quels concepts existent dans ce domaine nécessaire au développement de l'ontologie ?
- Quels concepts sont pertinents vis-à-vis de l'application ?

D'une manière générale, un domaine correspond à un ensemble de pratiques réalisées par des personnes expertes d'un domaine : Médecin, ingénieur, etc. Identifier les concepts d'un domaine revient à étudier la façon dont ces constructeurs conceptualisent leurs pratiques. À défaut de pouvoir accéder directement à leurs représentations mentales, on accède à la façon dont ils parlent et rendent compte de leurs pratiques. Ainsi, les concepts que l'on cherche à identifier sont exprimés en langue et c'est l'analyse médicale d'expressions qui doit permettre de révéler les concepts.

Où trouve-t-on ces expressions médicales ? Tout d'abord, dans les nombreux documents qui accompagnent généralement les activités des médecins : documentation hospitalière, banques de données sanitaires, fascicules, comptes rendus de réunions, site officiel du ministère de la santé etc. Ensuite, le développeur peut également interviewer des médecins, enregistrer leurs verbalisations et les retranscrire dans de nouveaux documents. Bref, le développeur dispose de documents contenant des définitions médicales des concepts qu'il cherche à acquérir.

Hélas, le constructeur d'ontologie médicale doit être très prudent. Toute fois, Tous les documents publiés par une organisation ou fournis par des médecins ne sont pas forcément pertinents : problèmes de fiabilité des informations, de redondance, ou tout simplement informations hors sujet. Une première tâche du développeur consiste donc à élaborer un corpus de documents utiles.

À ce stade, l'intervention de plusieurs médecins pourrait être la solution et désormais devient nécessaire. En collaboration avec le développeur, ils vont examiner quels termes candidats expriment effectivement des concepts du domaine, décider de la pertinence de ces concepts vis-à-vis de l'application et en donner une première caractérisation, le plus souvent sous la forme de définitions médicale, des prescription ou autres. Ces définitions constituent une pré-ontologie, qui va servir de support au travail de modélisation.

4 Le cycle de vie et réutilisation des ontologies

4.1 Cycle de vie d'une ontologie

Étant donné que les ontologies sont destinées à être utilisées comme des composants logiciels dans des systèmes informatiques répondant à des objectifs opérationnels différents, leur développement doit s'appuyer sur les mêmes principes que ceux appliqués en génie logicielle. En particulier, elles doivent être considérées comme des objets techniques évolutifs et posséder un cycle de vie spécifique.

Les activités liées à une ontologie peuvent être regroupées en trois catégories (BLAZ, 1998) :

☐ Des activités de gestion de projet : planification, contrôle, assurance qualité.

☐ Des activités de développement : spécification, conceptualisation, formalisation.

☐ Des activités de support : évaluation, documentation, gestion de la configuration.

En général, la vie d'une ontologie passe par les états suivants : spécification des besoins, conception (normalisation, formalisation et opérationnalisation) déploiement et diffusion, utilisation, évaluation et enfin évolution et maintenance. Le cycle de vie par évolution de prototypes permet au concepteur de l'ontologie de retourner de n'importe quel état à n'importe quel autre si une certaine définition manque ou est erronée. Ainsi, ce cycle de vie permet l'inclusion, le déplacement ou la modification de définitions n'importe quand durant le cycle de vie de l'ontologie. L'acquisition, la documentation et l'évaluation de connaissances sont des activités de support qui sont effectuées pendant la majorité de ces états.

(FERNA et al., 1997) insistent sur le fait que les activités de documentation et d'évaluation sont nécessaires à l'étape du processus de construction d'ontologie, l'évaluation précoce permettant de limiter la propagation d'erreurs.

37

4.2 Réutilisation d'ontologies

Une aide à la modélisation des connaissances consiste à réutiliser des ontologies déjà construites. De telles ontologies sont accessibles, notamment sur le Web. Parmi celles-ci, on distingue :

- Les ontologies de domaine, conçues dans des domaines variés : la médecine, l'automobile, la chimie, l'aéronautique.
- Les ontologies de haut niveau, ou ontologies « génériques », comportant des concepts abstraits (généraux) subsumant les concepts existant dans les différents domaines.

Les enjeux de la réutilisation sont de permettre d'élaborer des ontologies de plus grande taille et de meilleure qualité, tout en réduisant les coûts de développement. Toutefois, la réutilisation a elle-même un coût et, avant de pouvoir importer des parties d'ontologies existantes dans une nouvelle ontologie, le développeur se doit de réaliser les tâches suivantes :

- Localiser des ontologies candidates à la réutilisation.
- Abstraire de ces ontologies la conceptualisation sous-jacente, ce qui revient à faire abstraction de la syntaxe du langage ; toujours particulier ; dans lequel ces ontologies sont spécifiées.
- Évaluer ces conceptualisations en termes de choix de la modélisation effectués ainsi que de la couverture du domaine.

Dans la pratique, on observe que les ontologies de domaine sont difficilement réutilisables car, même si elles portent sur un même domaine ou un domaine proche, elles n'ont pas forcément été développées pour réaliser une même tâche. Or, les choix de modélisation sont fonction de la tâche réalisée par l'application ayant motivé la construction de l'ontologie. En revanche, les ontologies de haut niveau, parce qu'elles sont indépendantes de tout domaine, se prêtent plus volontiers à la réutilisation.

A titre informatif, l'ontologie SUMO est développée dans le cadre du projet IEEE SUO (*Standard Upper Ontology*). L'objectif assigné à SUMO est de constituer un standard pour permettre l'interopérabilité sémantique entre – ni plus, ni moins – tous les systèmes d'information. SUMO comporte plusieurs centaines de concepts et de relations généraux. Cette ontologie peut être éditée à l'adresse : http://suo.ieee.org

Sur la Figure I.1 est présenté un échantillon des concepts les plus génériques de SUMO, ayant pour racine le concept ENTITÉ. Le rôle de ces concepts est de définir les principales distinctions qu'il est possible de réaliser entre des entités pouvant faire l'objet de raisonnements.

Ainsi, une première distinction est faite entre les entités PHYSIQUES, qui possèdent une localisation spatio-temporelle (ex : une pomme, la fonte d'un glacier) et les entités ABSTRAITES, qui n'en possèdent pas (ex : l'entier naturel 5, le théorème de Pythagore). Parmi les entités PHYSIQUES, celles possédant (principalement) une localisation spatiale - les OBJETS – (ex : un glacier, un être humain) sont distinguées de celles qui possèdent (principalement) une localisation temporelle – les PROCESSUS – (ex : la chute d'une pomme, une réunion de personnes). Enfin, parmi les OBJETS, sont distingués les OBJETS NATURELS, par opposition aux ARTEFACTS, conçus de la main de l'homme.

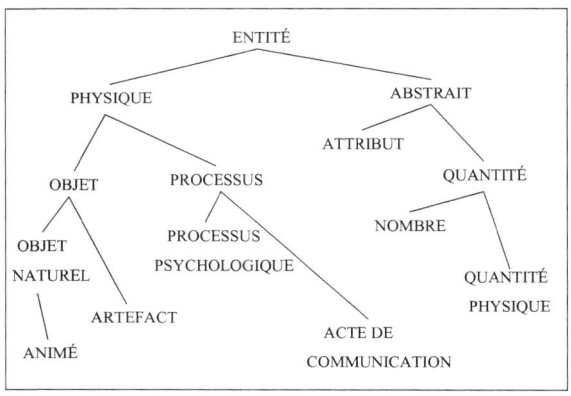

FIGURE II.I.1 TAXONOMIE DE CONCEPTS GÉNÉRAUX, EXTRAITE ET ADAPTÉE DE L'ONTOLOGIE SUMO

Pour définir ces concepts et permettre de raisonner sur les objets qu'ils désignent, SUMO comporte des relations. Il s'agit, encore ici, de relations générales permettant, par exemple, de représenter le fait qu'un objet EST COMPOSÉ D'autres objets ou bien qu'un processus A DÉBUTÉ À ou s'EST TERMINÉ À un certain instant. Parmi ces relations figurent les relations casuelles, dont on a déjà parlé dans la section précédente.

Ces relations servent à décrire les différents rôles pouvant être joués par des entités participantes à un processus. Ainsi, des entités peuvent diriger l'action (relation : A POUR AGENT) ou la subir (A POUR PATIENT), en constituer les lieux d'origine (A POUR ORIGINE) ou de destination (A POUR DESTINATION), ou servir d'instrument pour la réalisation du processus (A POUR INSTRUMENT). Enfin, une entité subissant le processus peut ne pas connaître de modification (A POUR RESSOURCE) ou, au contraire, être créée et constituer le résultat de l'action (A POUR RÉSULTAT).

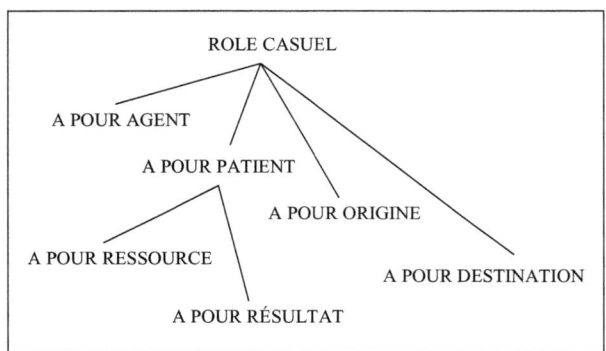

FIGURE II.I.2 ÉCHANTILLON DE RELATIONS CASUELLES PROPOSÉES DANS SUMO

Comme on le voit, une ontologie de haut niveau comme SUMO introduit les « premières » distinctions qu'il est possible de faire, pour classer et définir les objets de n'importe quel domaine. Cette caractéristique en fait des candidats de choix pour la réutilisation. Construire une ontologie de domaine revient alors à introduire des concepts plus spécifiques en spécialisant les concepts de l'ontologie générique.

4.2.1 Modélisation des connaissances

Comme décrit précédemment, la tache principale du constructeur d'ontologie médicale est de mettre en primitives les entités conceptuelles identifiées à l'étape de conception c'est-à-dire à décider quels sont les concepts et les relations, et à déterminer leur notion. Abstraction faite des contraintes liées à l'utilisation d'un quelconque langage formel, la construction se concentre juste sur la modélisation des connaissances qui conduit, en général, à effectuer un choix entre plusieurs notions.

Prenons un exemple simple : l'âge d'une personne.

Une première modélisation peut consister à considérer cet âge en tant qu'une relation. En figure 1, nous représentons en DefOnto le concept PERSONNE, résultat de ce choix de modélisation.

```
DefGenConcept Personne
IsA Animé
ObjectsProperties
(AE)age Number
```

FIGURE II.I.3 MODÉLISATION DE L'ÂGE D'UNE PERSONNE EN TANT QUE RELATION

Toujours sur le même exemple, une seconde modélisation peut consister à considérer que : une personne a pour caractéristique un attribut – âge – qui a pour valeur un entier.

```
DefGenConcept Personne
IsA Animé
ObjectsProperties
(AE)caractéristique Age

DefGenConcept Age
IsA Attribut
ObjectsProperties
(AE)valeur Number
```

FIGURE II.I.4 MODÉLISATION DE L'ÂGE D'UNE PERSONNE EN TANT QUE CONCEPT

http://liris.cnrs.fr/amille/enseignements/DEA-ECD/ontologies/construction_ontologie.htm

La question qui se pose alors, est de savoir : quelle est la meilleure modélisation entre ces deux ? En fait, chaque modélisation a ses avantages et ses désavantages. La première modélisation va conduire à une ontologie plus compacte et vraisemblablement à des inférences plus efficaces en temps de calcul. Inversement, la seconde modélisation offre la possibilité de mieux définir la notion d'âge, en développant une taxonomie d'attributs, et va

41

ainsi conduire à une ontologie plus facilement compréhensible. Tout dépend donc des objectifs recherchés.

Prenons un autre exemple, celui de la notion d'EMPLOYÉ qui aura l'étiquette « patient »

Une première modélisation peut consister à définir cette notion en mettant en avant la relation : employé/employeur.

> **DefGenConcept** Employé
> **IsA** Personne (ME)employéPar Employeur

FIGURE II.I.5 MODÉLISATION DE LA RELATION D'EMPLOYÉ AU MOYEN DE LA RELATION EMPLOYÉ PAR

http://liris.cnrs.fr/amille/enseignements/DEA-ECD/ontologies/construction_ontologie.htm

Le problème, avec cette modélisation, est que la notion d'EMPLOYÉ se retrouve encapsulée dans la notion de la relation EMPLOYÉ PAR, qui n'est pas explicitée. Intuitivement, nous n'avons fait que repousser le problème !

Une autre modélisation consiste à considérer l'action EMPLOYER. Celle-ci fait intervenir deux participants : un employeur, en tant qu'« agent » (l'« agent » désigne le participant qui dirige l'action) ; un employé, en tant que « patient » (le « patient » désigne le participant qui subit l'action). Les relations AGENT et PATIENT sont appelées « relations casuelles ».

```
DefGenConcept Employer
   IsA ActionSociale
   ObjectsProperties
   (AE)agent Employeur
   (AE)patient Employé


DefGenConcept Employé
   IsA Personne (ME)patientDe Employer
```

FIGURE II.I.6 MODÉLISATION DE LA NOTION D'EMPLOYÉ PAR RAPPORT AU CONCEPT D'ACTION EMPLOYER

http://liris.cnrs.fr/amille/enseignements/DEA-ECD/ontologies/construction_ontologie.htm

L'apport de cette modélisation est de montrer que l'employé et l'employeur ne jouent pas le même rôle dans la relation qui les unit. Elle est donc plus riche sémantiquement que la précédente.

Dans le cas présent, une troisième possibilité de modélisation existe. En effet, plutôt que de considérer l'action EMPLOYER, on peut considérer le résultat de cette action avec le concept d'EMPLOI. On retrouve dans cette modélisation la différence de rôles entre l'employé et l'employeur.

```
DefGenConcept Emploi
   IsA OccupationSociale
   ObjectsProperties
   (AE)fourniPar Employeur
   (AE)occupéPar Employé

DefGentConcept Employé
   IsA Personne (ME)occupe Emploi
```

FIGURE II.I.7 MODÉLISATION DE LA NOTION D'EMPLOYÉ AU MOYEN DU CONCEPT D'EMPLOI

http://liris.cnrs.fr/amille/enseignements/DEA-ECD/ontologies/construction_ontologie.htm

Il est à noter que, plusieurs modélisations sont possibles, ce qui nécessite de la part du développeur de l'ontologie d'effectuer un choix en se basant sur les avis des spécialistes de la santé. Réaliser un tel choix revient à rechercher un compromis entre des caractéristiques qui se révèlent opposées : compacité versus compréhensibilité, de l'ontologie.

6 Synthèse et Conclusion

L'ontologie est une conceptualisation d'un domaine à laquelle sont associés un ou plusieurs vocabulaires de termes. Les concepts se structurent en un système et participent à la signification des termes. Elle est définie pour un objectif donné et exprime un point de vue partagé par une communauté.

Conçues pour répondre aux problèmes posés par l'intégration des connaissances au sein des systèmes informatiques, les ontologies apparaissent désormais comme une clé pour la manipulation automatique de l'information au niveau sémantique.

La diversité et la puissance des applications potentielles des ontologies laissent à penser que leur place au sein des systèmes d'information ne peut que croître. Si les principaux projets utilisant des ontologies ne visent pour le moment que la gestion de connaissances au niveau sémantique, les ontologies pourraient permettre à terme la création de systèmes capables non seulement de gérer des connaissances mais aussi de raisonner sur ces connaissances et, pourquoi pas, d'en produire de nouvelles.

Dans notre cas, la cohabitation entre la base de données (BDD) et l'ontologie se fera de façon qu'à chacune des données présentes dans la base, on associe le concept de l'ontologie qui la définit. Notre BDD à base ontologique sera appelée **OntoBD**. Elle sera constituée de deux grandes parties des bases de données (données et méta-base), d'une partie ontologie, et d'une partie méta-schéma contenant le méta-modèle du modèle d'ontologie utilisé, permettant de rendre générique tout traitement sur les ontologies. L'architecture **OntoBD** sera constituée d'un Système de Gestion de base de données **PostgreSQL** et du modèle d'ontologie **PLIB** ainsi qu'un langage utilisé pour l'interrogation de la base de données.

Chapitre II : Les systèmes d'Information Géographiques et la Cartographie sur le Web

1 Introduction

A l'heure actuelle et particulièrement au Maroc, un grand nombre de personnes considèrent encore les SIG comme étant des Logiciels ou des systèmes informatiques permettant de manipuler des données spatiales. Une étude de quelques définitions nous a permit de montrer que le concept de SIG dépasse de loin celui d'un simple logiciel, mais s'étale à des perceptions et analyses nombreuses. (Aronoff, 1991) propose une définition très générale fondée sur la technologie et l'information : "Les SIG sont des systèmes fondés sur l'utilisation des ordinateurs pour stocker et manipuler l'information géographique". (Laurini, 1993) précise que l'outil a comme fonctionnalités "la saisie, le stockage, l'extraction, l'interrogation, l'analyse et l'affichage de données localisées". Pour (Didier et Bouveyron, 1993), " il s'agit d'ensembles de données structurés de façon à pouvoir en extraire des synthèses utiles à la décision. Ces ensembles se rassemblent à partir de diverses sources". (De Blomac et al., 1994) étendent le périmètre des SIG au delà des matériels, Logiciels et données pour y intégrer le personnel qui les manipule. Pour (Thériault, 1996), les principes et les méthodes mis en œuvre dans le système font partie intégrante de celui-ci. Un système d'Information Géographique est un outil informatique permettant de représenter et d'analyser toutes les choses qui existent sur terre ainsi que tous les événements qui s'y produisent.

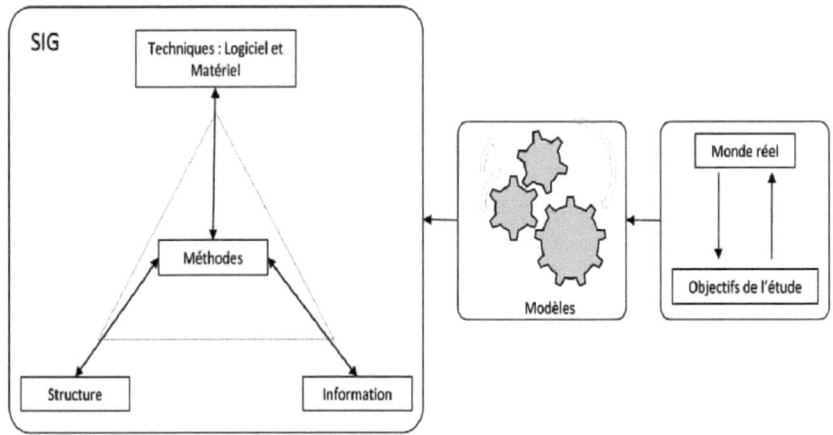

FIGURE II.II.1 : LES 4 GRANDES COMPOSANTES D'UN SIG (JOLIVEAU, 1996)

Nous pouvons alors conclure qu'un SIG peut se considérer comme étant un ensemble de structures, de méthodes, d'outils et de données permettant le suivi des phénomènes dans un espace donné à travers le temps. Un SIG comprend quatre grandes composantes en interdépendance : une composante technologique, une composante informationnelle, une composante organisationnelle et une composante méthodologique qui permet la mise en cohérence des outils, des hommes et de l'information pour répondre aux objectifs fixés (Figure II.II.1).

2 Typologies des Systèmes d'Information Géographique

Les logiciels SIG offrent les outils et les fonctions pour le stockage, l'analyse et la visualisation de toute sorte d'information. A travers leurs interfaces graphiques ils permettent aux utilisateurs potentiels d'un SIG qui sont les spécialistes qui ont besoin de stocker, d'analyser et d'afficher d'importants volumes de données géographiques dans différents domaines. Différentes solutions SIG commerciales et non commerciales ont été développées (ArcGIS, MapInfo, Quantum GIS, etc.). Dans ces systèmes les données géographiques organisées sous forme de couches et sont mémorisées selon deux différents modèles.

2.1 Modèle de données vecteur et « raster »

L'information géographique est représentée selon deux types de modèles ou structures de données (Figure II.II.2) : le modèle de données vecteur et le modèle de données matriciel (Rigaux, et al, 2001). Le choix dépend de la nature des données géographiques et de leur utilisation (Couclelis, 1992). Le modèle matriciel ou « *raster* » représente l'espace comme un seul champ continu. A contrario, le modèle vectoriel modélise l'espace à travers un ensemble d'objets identifiés grâce à un ensemble de points. En fin, Un SIG moderne se doit d'exploiter simultanément ces deux types de représentation.

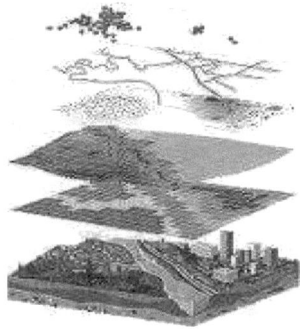

FIGURE II.II.2 LES DEUX MODÈLES DE REPRÉSENTATION DE DONNÉES GÉOGRAPHIQUES

(www.esrifrance.fr)

Le modèle de données vecteur permet de manipuler et de représenter les données géographiques d'après les coordonnées(x,y) de points individuels auxquels on peut ajouter des attributs. Dans le modèle vectoriel, à chaque forme géométrique comme un simple point, un objet linéaire (routes, fleuves etc.) ou polygone (territoire géographique, parcelle etc.) sont associées ses informations descriptives. Ce modèle est adéquat pour la représentation de l'information géographique défini par des utilisateurs de SIG. Le modèle vectoriel est particulièrement utilisé pour représenter des données discrètes.

Le modèle de données matriciel, lui, est formé d'une matrice de points et permet de manipuler et de représenter l'information cartographique à partir d'une matrice de pixels. Cette représentation est la plus adaptée pour représentation de données variables continues comme la nature d'un sol ou la modélisation des phénomènes spatiaux (la température, la pollution, etc.), mais étant donné que les pixels de la matrice n'ont pas de signification d'ensemble, seule une analyse thématique effectuée grâce à la « Map Algebra » (Tomlin, 1990) est possible. La « Map Algebra » est l'algèbre des cartes. Elle permet de créer des informations spatiales et thématiques nouvelles sous forme d'une matrice.

2.2 Les couches

Afin d'organiser les données géographiques, un SIG stocke les informations concernant le monde sous la forme de couches thématiques pouvant être reliées les unes aux autres par la géographie. Ce concept, à la fois simple et puissant a prouvé son efficacité pour résoudre de nombreux problèmes concrets. Une couche peut donc se considérer comme étant une carte représentant un ensemble d'informations géographiques du même type (routes, Hydrographie, limites de communes, centres hospitaliers, distribution d'une maladie, etc.) comme illustré dans la Figure II.II.3. Cette structuration rend ces informations superposables, compatibles, combinables et par conséquent facilement analysables.

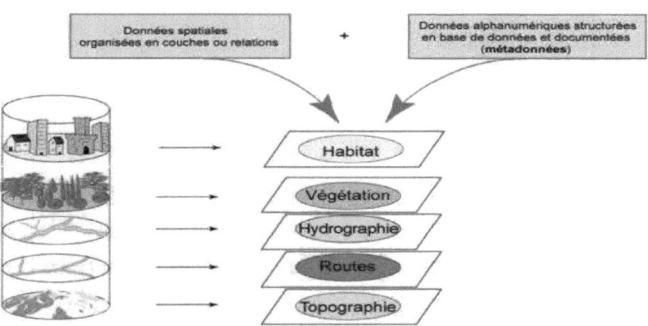

FIGURE II.II.3 LE SYSTÈME DE COUCHES DANS LES SIG (WWW.ESRIFRANCE.FR)

3 Les bases de données spatiales

La mémorisation de l'information géographique associée aux différentes couches peut s'effectuer selon deux approches différentes : faiblement ou fortement intégrées (Rigaux et al., 2001). Dans la première approche, les informations spatiales et alphanumériques sont stockées dans un seul système. La donnée spatiale est mémorisée dans le même SGBD que celui utilisé pour les données alphanumériques. Les SGBD spatiaux (SpatialWare for SQL Server, Oracle Spatial, PostGIS, DB2 spatial extender, etc.) étendent les SGBD classiques avec des types de données spatiales (point, ligne et polygone) faisant appel à des fonctions spatiales (overlap, distance, et surface). Ils permettent de définir un attribut d'une table de type spatiale, de formuler des requêtes qui utilisent des prédicats spatiaux, d'agréger des données spatiales et d'améliorer le temps de réponse grâce à des index spatiaux, etc. (Bimonte, 2007).

Si d'un côté le modèle vectoriel est bien implémenté dans les SGBD spatiaux existants, d'un autre côté, un petit nombre de systèmes gèrent les données géographiques modélisées en format matriciel (Oracle10g, 2007).

L'approche fortement intégrée permet de mémoriser les données spatiales avec les données sensibles de l'application en diminuant la complexité du système, et autorise un accès standard aux informations spatiales. En outre, les SGDB spatiaux offrent aux applications SIG la possibilité d'enrichir des caractéristiques principales des bases de données : sécurité, concurrence d'accès, flexibilité et passage à l'échelle (Bimonte, 2007).

3.1 Principales fonctionnalités d'un SIG

3.1.1 La géo-visualisation

Le SIG, comme on l'a vu, permet d'afficher les différentes données géographiques disponibles. A ce titre, il offre à l'utilisateur toute une palette de fonctions de gestion de l'affichage lui permettant de modifier les paramètres d'affichage avec plus de confort : les fonctions de zoom, de déplacement latéral qui sont présentes en standard sur un système d'information géographique.

L'utilisateur dispose également de toute latitude pour modifier à son gré les couleurs des objets affichés. Des fonctionnalités d'analyse spécifique permettent en outre de réaliser des classifications sur une table et d'attribuer automatiquement aux objets un format graphique d'affichage spécifique en fonction des valeurs de la classification. Une fonctionnalité de mise en page permettant de constituer des dossiers cartographiques élégants en vue d'une impression papier est également offerte à l'utilisateur.

3.1.2 L'interrogation des données

La lecture des données associées aux objets présents dans les tables affichées est possible d'une manière ponctuelle, en cliquant sur l'objet qui apparaît sur la carte. Des fonctions exécutées à travers requêtes plus élaborées sont également disponibles. Elles permettent aussi bien de réaliser des requêtes tabulaires classiques (recherche des enregistrements qui vérifient une condition donnée relative aux valeurs de champs nombres, chaînes, date ou booléens) que des requêtes spatiales, qui mettent en jeu toutes les relations géographiques imaginables entre objets : relation d'intersection, relation d'inclusion, distance séparant deux objets.

Les fonctionnalités de jointure et d'agrégation de données usuelles dans le contexte des bases de données sont également fournies à l'utilisateur.

Enfin, des outils spécifiques de calcul et d'optimisation d'itinéraires peuvent également être ajoutés à l'interface du produit.

3.1.3 Le géocodage

Un SIG permet dans sa forme basique, de placer automatiquement un point dont on connaît les coordonnées géographiques planes X et Y. Le plus souvent, ces coordonnées sont inconnues pour l'utilisateur, qui dispose en revanche de l'adresse postale d'un client ou d'un bâtiment. Associer à une adresse postale ses coordonnées spatiales X et Y est une opération appelée géocodage. Pour permettre à un utilisateur disposant d'une adresse postale de placer automatiquement le point associé, les SIG se sont dotés de géo-codeurs spécifiques intégrés. Un géo-codeur utilise un fichier géographique de référence indexé en fonction de la précision de géocodage voulue. Le moteur de géocodage lancera une requête sur ce fichier de référence dans le but de retrouver une rue donnée (les règles de mise en correspondance pourront toutefois être assouplies pour éviter des éventuelles erreurs orthographiques dans le nom des voies). Ce procédé permettra l'association rapide et efficace d'un point à une adresse géographique.

Avant d'utiliser des données papier dans un SIG, il est nécessaire de les convertir dans un format informatique. Cette étape essentielle depuis le papier vers l'ordinateur s'appelle digitalisation. Les SIG modernes sont capables d'automatiser complètement ces tâches pour des projets importants en utilisant la technologie des scanners. D'autres projets moins importants peuvent se contenter d'une phase de digitalisation manuelle (table à digitaliser). Aujourd'hui de nombreuses données géographiques sont disponibles selon des formats standards lisibles par les SIG. Ces données sont disponibles auprès de producteurs de données et peuvent être directement intégrées à un SIG.

En ce qui concerne la manipulation, les sources d'informations peuvent être d'origines très diverses. Il est donc nécessaire de les harmoniser afin de pouvoir les exploiter conjointement. Les SIG intègrent de nombreux outils permettant de manipuler toutes les données pour les rendre cohérentes et ne garder que celles qui sont essentielles au projet. Ces manipulations peuvent, suivant les cas n'être que temporaires afin de se coordonner au moment de l'affichage ou bien être permanentes pour assurer alors une cohérence définitive des différentes sources de données.

4 La cartographie sur le web

4 .1 Définition

Jusqu'à récemment, la création des cartes était la spécialité des cartographes et d'autres spécialistes, ce qui a toujours entravé leurs révisions ou mise à jour rapides et précises. Puis, les Systèmes d'information géographiques ont permis de transformer l'information contenue dans une carte en un ensemble de données structurées et réutilisables par un ou plusieurs utilisateurs à la fois. Les cartes sont donc soudainement devenues très précises et ont pu être associées à d'autres types de données afin de servir les décideurs dans un domaine, notamment la médecine.

Suite à la traduction libre de (*Web Mapping*, *Open GIS Consortium Glossary*, 2007), la cartographie sur le Web peut se définir comme étant un ensemble de produits, de standards et de technologies permettant l'accès à l'information géographique, sous forme de cartes, via le Web.

Les grandes entreprises Web se sont donc rapidement marquées par leur potentiel de création d'interfaces conviviales réunissant des informations utiles sous forme de données géographiques.

La réalisation de cartes est donc passée des cartographes aux mains des fournisseurs de l'information géographique sur le web de ce monde : Google (Maps), Yahoo! (Maps), Microsoft (Virtual Earth) et MapQuest. Ces cartes numériques très riches en information par rapport aux données standards puisque l'information est véritablement plus évocatrice une fois placée sur une carte, particulièrement en ce qui a trait au secteur sanitaire. D'autre part, parce qu'il s'agit d'une méthode universelle et familière d'organisation de l'information. Les cartes sont aisément dotées de liens utiles et d'impressionnantes fonctionnalités de recherche, dont les principales sont l'affichage d'éléments sur une carte, le calcul et localisation d'itinéraires ainsi que la recherche de proximité et le pouvoir enfin de prévention (cas des trajets des porteurs de maladies contagieuse).

4.2 État de l'art

La perpétuité du développement du web a mené à l'apparition d'une nouvelle forme de cartographie à savoir la cartographie sur le web. En effet, nous témoignons actuellement d'une démocratisation de l'information géographique sophistiquée, interactive et accessible. Selon (Peterson 2005 ; Peterson 2008), le nombre de cartes diffusées sur Internet était estimé à plus de 200 millions par jour. Leur importance est sublime compte tenu des avantages multiples qu'elles offrent par rapport à celles en format papier. Notamment, leur accessibilité est sans égal, puisque les utilisateurs peuvent avoir accès à ces cartes abstraction faite des contraintes spatiotemporelles. Par ailleurs, les cartes se créent dynamiquement sur le Web et reflètent automatiquement ; en plus de leur interactivité ; toutes mises à jour des données sources.

Trivialement, **Internet** est à l'origine du domaine de la cartographie sur le Web apparu vers la fin des années 1960. Sa partie Web ou visible a quant à elle vu le jour en 1989, dans les laboratoires du Centre Européen de Recherche Nucléaire (CERN). La mise en place du premier serveur cartographique lancée par la compagnie Xerox[1] en 1993, en 1994, le Gouvernement canadien lance la première version de son atlas national (Ferland, 2006). Toutefois, c'est l'arrivée, en 1996, du célèbre MapQuest qui instaurera la nouvelle tendance des sites Web à mention cartographique ou ayant la dimension géographique. D'après (Peterson, 2003) ; c'est en 1997 que le Web est à son apogée et a connu un essor pour la diffusion de cartes interactives.

En 1998, l'un des premiers services Web pour la diffusion d'images aériennes, TerraServer, est mis en ligne suite à une initiative bilatérale entre Hewlett Packard et de l'United-States Geological Survey (USGS). Depuis 2005, il y a eu l'apparition des célèbres Google Map, Google Earth, Wikimaipa et Virtual Earth de Microsoft.

Tout comme Internet, la cartographie sur le Web évolue de manière foudroyante. Se contentant au début au coté statique, souvent résultat d'une numérisation de cartes papier. Ces cartes étaient présentées sous forme d'images de formats tels que JPEG et PNG... De tels formats matriciels sont très limités tant pour la visualisation que pour l'interactivité.

Par exemple, avant l'arrivée de la fonction *zoomify* de photoshop cs4, une opération de zoom ne faisait qu'agrandir la carte sans pour autant en modifier le contenu, ce qui entraine une dégradation de la qualité visuelle.

Les applications de cartographie sur le Web subséquentes ont ensuite profité des architectures client/serveur afin de générer des cartes côté serveur et de les publier sous forme d'image côté client. Malgré leur non interactivité, ces cartes avaient l'avantage de génération dynamique à partir des données sources. En vue d'offrir plus de flexibilité, de nouvelles applications basées sur des données vectorielles ont ensuite vu le jour.

Ces applications basées sur une approche base de données permettent une meilleure interactivité avec l'utilisateur en lui permettant le contrôle de certains paramètres d'affichage de la carte, notamment les couches d'information à afficher (le réseau routier,

---

[1] http://www2.parc.com/istl/projects/www94/iisuwwwh.html

les bâtiments) ainsi que le niveau de détail de la carte. De nouveaux formats sont alors utilisés par ces applications telles que le FLASH.

Aujourd'hui, en plus des cartes statiques omniprésentes dans le marché, plusieurs autres types de cartes sont offerts par les applications de cartographie sur le Web. Notamment, des cartes animées, permettant de représenter l'évolution temporelle d'un phénomène comme par exemple les cartes météorologiques, celles représentant des cas d'une maladie contagieuse, des cartes distribuées conçues en combinant des données provenant de différents serveurs cartographiques, des cartes temps réel utilisées par exemple pour la gestion du trafic routier, des cartes ouvertes et réutilisables, issues de services Web et pouvant être intégrées dans une propre page Web via des API (*Application Programming Interface*) comme OpenLayers. Plus récemment, certaines applications de cartographie sur le Web permettent même de définir des cartes de manière collaborative, à l'image de Wikipedia (OpenStreetMap[2] et WikiMapia[3]).

Certes la diffusion des cartes géographiques sur le web a un nombre d'avantages, mais hélas, il présente pas mal de limitations. Parmi elles figurent les taux de transfert, la taille, ainsi que la résolution des écrans qui est infiniment moins bonne que celle des produits papiers. En effet, l'accessibilité plus grande des applications Web par rapport aux applications de bureau les rend plus difficile à concevoir, étant donné qu'il est pratiquement impossible de prévoir les configurations des applications clients et surtout, le niveau de connaissances web et expertise des utilisateurs. Finalement, certains domaines tel que celui de la santé, sont particulièrement sensibles à la confidentialité des données et des stratégies doivent être mises en œuvre afin d'assurer la sécurité des données nominatives et cliniques.

---

[2] *OpenStreetMap, http://www.openstreetmap.org/*

[3] *WikiMapia,* http://www.wikimapia.org/

4.3 Positionnement par rapport aux autres technologies

En guise de comparaison, on pourrait alors affirmer que les applications de cartographie sur le Web sont très limitées en ce qui concerne l'analyse spatiale par rapport aux outils SIG. En effet, la plus part offre uniquement des fonctionnalités simples de navigation telles que l'agrandissement et la réduction et le déplacement. Certains offrent quelques capacités d'analyse servant notamment aux calculs d'itinéraire. Parmi les raisons expliquant ces limitations, notons les contraintes techniques qui rendent difficile l'interpellation des fonctionnalités SIG sur le Web et le public visé par ce genre d'applications. En effet, les internautes sont rarement des experts en géomatique et n'ont pas des besoins complexes en termes d'analyse spatiale.

Toutefois, pour les internautes du domaine, les spécialistes de géomatique ou les utilisateurs relevant du domaine de la santé, il peut être intéressant d'avoir accès à des fonctionnalités de SIG plus avancées, sans nécessairement avoir à acquérir un logiciel SIG propriétaire, souvent très coûteux. De ce besoin sont nées les applications SIG sur le Web. Ces outils ressemblent aux applications de cartographie sur le Web mais avec une attention particulière sur les fonctionnalités d'analyse spatiale.

La relation entre la cartographie, les outils SIG et l'Internet peut être alors illustrée par la figure si dessous. Il apparait donc que la cartographie sur le Web provient de la conjonction de la cartographie sur l'Internet et que les SIG sur le Web sont nés d'un besoin de déploiement d'application plus riche en information sur l'Internet.

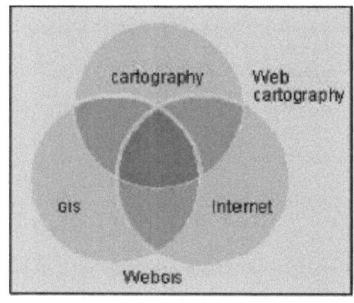

FIGURE II.II.4 CARTOGRAPHIE, SIG ET INTERNET

4.4 Technologies actuelles

Jusqu'à aujourd'hui, plusieurs technologies commerciales existent pour supporter la mise en place d'applications de cartographie/SIG sur le Web. Bien qu'elles puissent être utilisées en support à des applications de cartographie de base, les solutions Web proposées par les éditeurs SIG sont surtout orientées vers le développement d'applications SIG sur le Web. Parmi ces technologies on peut citer les suivantes : ArcIMS[4] (ESRI), GeoMedia WebMap[5] (Intergraph), MapXtreme[6] (MapInfo), Push'n'See[7] (Korem), JMap[8] (KHEOPS), Spatial Fusion[9](CARIS) et MapGuide[10] (Autodesk) et bien d'autres ([11],[12] et [13]). Autres solutions commerciales sont plus spécifiquement conçues pour le déploiement d'applications de cartographie sur le Web tel que Géoclip[11], GeoConcept[12] et AIGLE[13](Busines Geografic). Par ailleurs, plusieurs technologies libres et ouvertes émergent depuis quelques années dans la diffusion d'information géographique sur le Web telles que PostGIS, MAPresso[14], OPenMap[15], MapServer[16], Chameleon[17] et CartoWeb[18].

---

[4] *source http://www.webmapper.net/thesis*

[5] *http://www.esri.com/software/arcgis/arcims/index.html*

[6] *http://www.intergraph.com/gmwm/*

[7] *http://extranet.mapinfo.com/products/overview.cfm?productid=1849*

[8] *Push'n'See est une solution clé en main basée sur MapXtreme, http://www.pushnsee.com/fr/a_propos/solution.jsp*

[9] *http://www.kheops-tech.com/fr/jmap/index.jsp*

[10] *http://www.caris.com*

[11] *http://www.geoclip.fr/fr/p11_webmapping.php*

[12] *http://www.geoconcept.com/?6/Solution-Internet-Intranet-GeoConcept-Internet-Server-GCIS*

[13] *http://www.business-geografic.com/web/index.php?option=com_content&task=view&id=16&Itemid=1&lang=fr*

[14] *http://www.mapresso.com/*

[15] *http://openmap.bbn.com/*

4.5 Exemples d'applications en santé

Selon le portail du ministère de la santé marocain, il n'existe pratiquement aucune application web à caractère géographique. C'est en 2011 que le premier appel d'offre pour créer un SIG sanitaire a été lancé et jusqu'à aujourd'hui. On peut alors affirmer que le domaine est encore prématuré. A contrario, Il existe aujourd'hui une quantité impressionnante d'application Web à mention géographique, et celles publiant des données reliées au domaine de la santé sont en émergence depuis quelques années. Il est donc nécessaire de les catégoriser selon leurs caractéristiques propres. Tel qu'énoncé auparavant, les applications de cartographie sur le Web sont loin d'offrir la même richesse d'analyse spatiale que les outils SIG.

Les SIG sur le Web offrent l'accès à des fonctionnalités SIG plus complexes. Ces outils mettent l'emphase particulière sur les fonctionnalités d'analyse spatiale comme par exemple les analyses de corridors (réseau routier et surfaces artificialisées).

Une autre catégorie caractérisant le domaine de la santé publique s'ajoute à ces applications, les atlas numériques. L'utilisation des atlas numériques en santé publique relève à très longtemps en vue de présenter des résultats statistiques sur certaines pathologies affectant la population (cancer, tuberculose, etc..) ou des déterminants de l'état de santé (qualité de l'air, pollution, etc..) sous la forme d'un recueil de cartes, tableaux et graphiques. Par exemple, l'Organisation mondiale de la santé propose une version sur internet de l'Atlas de santé d'Europe[19]. En effet, (Boulos, 2004) soulève une problématique propre à ces atlas relative au manque de l'interactivité en temps réel de ces cartes devant offrir la surveillance des maladies afin d'aider les décideurs de la santé à s'approcher au moins de la bonne décision. Par conséquent, de plus en plus des applications d'atlas numériques voient le jour. Selon (Bell et al., 2006) Les changements dans la production d'atlas ont également produit des analyses et de nouvelles possibilités

---

[16] *http://mapserver.gis.umn.edu/*

[17] *http://chameleon.maptools.org/index.phtml*

[18] *http://cartoweb.org/*

[19] *Atlas de santé d'Europe,* http://www.euro.who.int/document/E79876.pdf

de communication. Historiquement, ces atlas ont été conçus comme des livres. Cependant, au cours de cette dernière décennie, la cartographie des données de santé a progressé de cartes statiques conçues pour la presse écrite à celles où l'auteur pourrait sélectionner des données et mise en page. La cartographie est devenue dynamique et interactive sur Internet où le public peut produire des cartes pour ses propres fins.

En outre, aujourd'hui, de nombreux atlas de la santé publiés en ligne, constituent une occasion pour les concepteurs de les rendre interactifs, animés et extensibles (Bhowmick et al, 2006). Or ce type d'applications est en fait une utilisation spécifique de la technologie SIG ou de la cartographie sur le Web, auxquelles on a ajouté des composantes de visualisation des données tels : les tableaux, les graphiques et courbes.

Pour conclure, On ne peut pas catégoriser ces atlas numériques comme étant des applications décisionnelles, car malgré qu'elles visent des objectifs similaires, elles n'ont pas recours à des technologies de ce domaine, ni à l'approche multidimensionnelle à la base de l'informatique décisionnelle (Business Intelligence) ni à la modélisation adéquate respectant la sémantique du domaine d'action. Mais, on peut tout de même prétendre que ce type d'application est l'ancêtre transactionnel des tableaux de bord du monde analytique et de forage de données. L'atlas numérique reflète véritablement le besoin d'outils décisionnels pour la prise de décision dans le monde de la santé.

Par contre, les professionnels de ce domaine doivent viser la cartographie ou le SIG pour être suffisamment renseignés sur la géographie des maladies vu les possibilités technologiques que offre le monde du décisionnel dans ce sens. Cette position les pousserait à développer des applications qui vont au-delà du monde transactionnel qu'ils maitrisent, vers des applications de prise de décision avec toutes les technologies qui vont avec. Inversement, les professionnels du domaine de santé qui utilisent des technologies décisionnelles doivent être invités à s'informer sur les avantages des technologiques de la géomatique pour mener à bien cette symbiose entre les deux domaines. Ce constat reflète en grande partie la règle générale à ce jour pour tous les domaines et impose une notion de transversalité pour plus de complémentarité.

Il existe des produits commerciaux permettant le développement d'atlas numérique comme InstantAtlas et Instant Profiler[20] de GeoWise qui permettent de produire des cartes à partir de données spatiales vectorielles en format ShapeFile ou SHP (ESRI) ou MID/MIF (MapInfo) où aucun serveur cartographique n'est nécessaire. Par contre les données spatiales sont diffusées en format SVG (Scalable Vector Graphics). Le gratuiciel SVG Viewer est alors nécessaire pour consulter les cartes. Les fonctionnalités SIG dans l'application sont par contre limitées au « zoom », panoramique ou déplacement, redimensionnement et sélections d'éléments cartographiques.

4.5.1 Exemples d'applications de cartographie sur le Web

Du coté américain, l'application Web interactive cancer mortality maps[21] développée par the NCI (National Cancer Institute) and the NIH (National Institutes of Health) en est un bon exemple et représente les meilleurs producteurs des applications géographiques ainsi que les tendances temporelles des taux de mortalité par cancers (pour plus de 40 sièges de cancer) pendant la période de 1950 à 1994. De son coté, l'application CDC *Injury Center's interactive mapping system*[22] donne accès à la distribution géographique des taux de mortalité par blessures aux États-Unis.

Selon l'institut d'études géologiques américain, l'atlas national américain[23] de l'USGS (United States Geological Survey) propose un environnement interactif de cartographie sur le Web et présente plusieurs couches de données provenant d'une multitude de domaines, dont celui de la santé. Il contient notamment des données sur plusieurs causes de mortalité et sur les infections par le virus du Nil occidental. Cet atlas permet donc la superposition des données de santé et d'environnement. Les fonctionnalités de navigation et d'interrogation sont cependant minimales. Atlas Santé Montréal[24] est une application de

---

[20] *InstantAtlas et Instant Profiler de GeoWise http://www.instantatlas.com/*

[21] *http://www3.cancer.gov/atlasplus/index.html*

[22] *http://www.cdc.gov/ncipc/maps/*

[23] *http://www.nationalatlas.gov/natlas/Natlasstart.asp*

[24] *http://www.cmis.mtl.rtss.qc.ca/fr/atlas/atlas_presentation.html*

cartographie sur le Web basée sur la technologie Géoclip. Elle permet une présentation de l'information sur la population et le système de santé de la région de Montréal. L'application présente notamment les données sociodémographiques et l'utilisation des services de santé pour la population suivant différents découpages géographiques. Cette application est complétée par un tableau de bord stratégique[25] qui présente les indicateurs permettant de suivre l'évolution des transformations prioritaires dans le réseau de la santé et des services sociaux de Montréal.

Globalement et depuis 1993, l'OMS (Organisation mondiale de la santé) à travers ses missions et activités scientifiques qui s'orientent vers des problèmes de santé publique, s'intéresse à l'immunologie des maladies infectieuses et l'épidémiologie moléculaire des agents infectieux. Elle a fait donc appel à l'expertise scientifique pour étudier les épidémies virales et caractériser les virus dans les territoires.

La Public Health Mapping and GIS programme quant à elle développe des outils géographiques afin de supporter la prise de décision en liaison avec ces maladies. En effet, elle a crée le premier atlas mondial en ligne sur les maladies infectieuses[26], un nouvel outil pour la surveillance et le contrôle de ces maladies selon des indicateurs pour différents niveaux géographiques. L'analyse et l'interprétation des données sont supportées par des informations complémentaires de nature démographique, socioéconomique et environnementale.

4.5.2 Exemples d'applications de SIG sur le Web

L'Association pulmonaire du Nouveau-Brunswick[27] a travaillé en 2006 sur l'élaboration de l'application cartographique électronique[28] qui facilite la prise de

---

[25] *http://www.cmis.mtl.rtss.qc.ca/fr/performance/tableaudebord/tb_presentation.html*

[26] *http://globalatlas.who.int/*

[27] *http://www.nb.poumon.ca/html_fr/Programmes/Sante_pulmonaire/cartographie.htm*

[28] *http://www.geoconnexions.org/ICDG.cfm/fuseaction/successStories.seeFile/id/1122/gcs.cfm*

décisions dans les domaines de la protection de l'environnement et de la santé. Elle offre également plus de possibilités d'ajout de visualisation temporelle des données possibles à travers le développement « ad hoc » ou adéquat, exploitant les normes OGC en conformité avec les attentes générales. Cette technologie de cartographie sur le Web favorise le partage de l'information et l'accès aux données sur Internet, affichées en fonction d'un emplacement géographique, et offre à l'utilisateur une vue ininterrompue de l'information. L'application est fondée sur la plate-forme de technologie de cartographie Web Spatial Fusion de CARIS. Ces efforts sont un exemple de la nécessité d'améliorer les technologies transactionnelles afin d'atteindre des objectifs de nature décisionnelle.

Le *British Columbia Centre for Disease Control* au Canada, a développé l'application Interactive *GIS Mapping for West Nile Virus* [29]. Elle permet de cartographier les cas d'oiseaux morts, les lots de moustiques analysés et les cas humains d'infections. Cette application de SIG sur le Web est développée sous ArcIMS d'ESRI et utilise le visualiseur HMTL. Ces fonctionnalités sont beaucoup plus évoluées que celles de l'application de cartographie Web de l'agence canadienne de santé publique puisque qu'elle requiert l'usage d'un SIG.

Afin de supporter la prise de décision chez les professionnels de la santé affectés au dossier du virus du Nil occidental (VNO), l'Institut national de santé publique du Québec (INSPQ) a été mandatée en 2003 par le ministère de la Santé et des Services sociaux pour développer un système intégré des données de vigie sanitaire du virus du Nil occidental (SIDVSVNO) (Gosselin et al., 2005; INSPQ, 2004) capable à la fois de regrouper les données de surveillance provenant de plusieurs sources et de les rendre disponibles en temps-réel. Le SIDVSVNO facilitait la collecte, la localisation, la gestion et l'analyse des données. Il facilitait par le fait même l'analyse des résultats par le biais de cartes, tableaux et diagrammes statistiques. Il s'agit d'un système utilisant le serveur cartographique JMap et une base de données Microsoft SQL Server.

---

[29] *Application du BC Center for Disease Control* : http://maps.bccdc.org

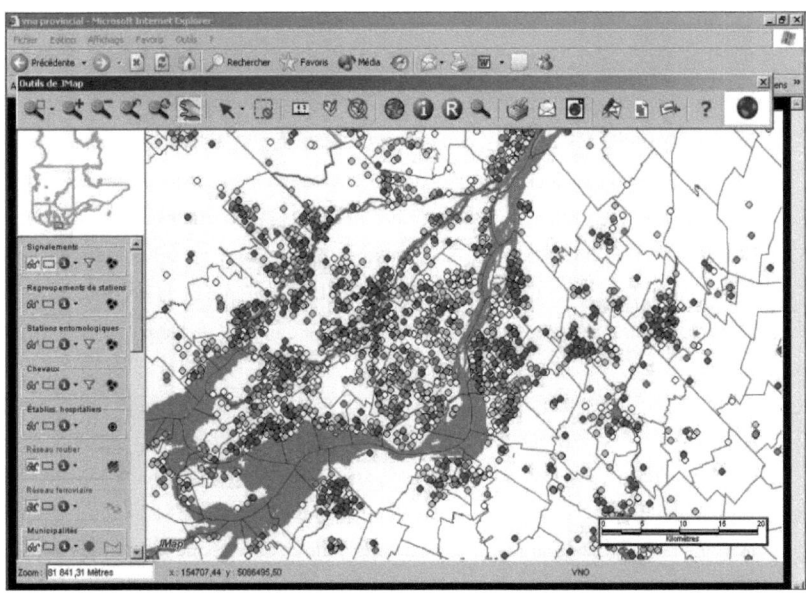

FIGURE II. II.5 EXEMPLE DE SIGNALEMENTS DE CORVIDÉS PRÉSENTÉ DANS LE SYSTÈME
INTÉGRÉ DES DONNÉES DE VIGIE SANITAIRE (SIDVS).

http://yvanbedard.scg.ulaval.ca/wp-content/documents/publications/467.pdf

4.5.3 Exemples d'applications d'atlas numériques

Une panoplie d'exemples d'applications est disponible sur le site d'Instant Atlas [30], un
outil dédié à la création d'atlas numériques. Nos recherches sur le Web et dans les
publications scientifiques, ont aussi permis d'identifier plusieurs applications du domaine de
la santé en général. En France, l'Observatoire régional de la santé en Provence-Alpes-Côte
d'Azur a développé le Système d'information régional en santé (SIRSé) [31]. SIRSé met à
disposition de tous des informations sur l'état de santé de la population régionale, à l'échelle

---

[30] *http://www.instantatlas.com/health.xhtml*

[31] *SIRSé : http://www.sirsepaca.org/selection_indicateur.php*

des territoires. Il permet d'accéder facilement aux données sous forme de cartes interactives et de tableaux. Pour chaque indicateur sont précisés : la définition, les sources de données utilisées, la méthodologie et les précautions à prendre pour interpréter les résultats. L'application est développée avec le logiciel Géoclip.

L'application américaine Atlas des cancers de Pennsylvanie [32] produite par GeoVista Center, Pennsylvania State University est une application interactive en ligne dédiée aux épidémiologistes, professionnels, politiciens et gestionnaires (Robinson et al., 2005). Cette application Web interactive présente dans quatre compartiments les taux d'incidence de différents cancers sur une longue période. Les trois premiers (carte, tableau et courbe) sont synchronisés pour présenter le taux d'incidence du cancer par comté. À ceux-ci s'ajoute un histogramme de la répartition de la population par sexe et race. La sélection d'un comté de la carte permet de produire l'histogramme correspondant à la population de cette région. Il est aussi possible d'ouvrir deux cartes afin d'effectuer des comparaisons temporelles ou spatiales. L'application est développée sur un serveur PostGIS et les données sont projetées sur un client MacroMedia Flash. La figure 5 présente le tableau de bord de l'atlas pour l'incidence du cancer colorectal par comtés, pour la période 1994-2002.

---

[32] *Atlas des cancers de Pennsylvanie http://www.geovista.psu.edu/grants/CDC/*

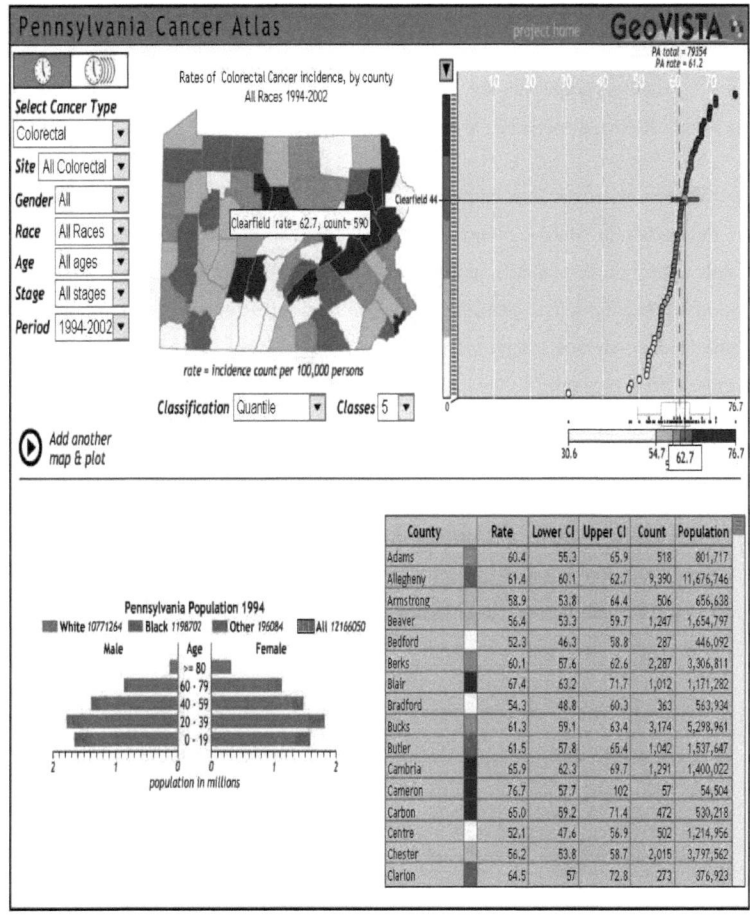

FIGURE II.II.6 ATLAS DES CANCERS EN PENNSYLVANIE PRÉSENTANT L'INCIDENCE DU CANCER COLORECTAL PAR COMTÉS, TOUTES RACES POUR LA PÉRIODE 1994-2002.

http://yvanbedard.scg.ulaval.ca/wp-content/documents/publications/467.pdf

Interactive Cancer Mapping [33] (*University of Kentucky*), EpiQMS [34] (*Department of Health*) et *State cancer profiles interactive Maps* [35] (*National Cancer Institute*).

Infobase de surveillance des maladies non transmissibles (MNT) [36] qui permet d'établir le profil épidémiologique des principales maladies non transmissibles au Canada, notamment des cancers les plus courants et les maladies cardiovasculaires et respiratoires par province ou territoire et par service régional de santé. L'Infobase de surveillance des MNT (aussi appelée CVDInfobase) utilise une application en Visual Basic utilisant MapObjects d'ESRI comme composante SIG. Plusieurs options d'affichage sont disponibles, soient des données comparatives entre un grand nombre de régions, des tendances temporelles relatives à la morbidité et à la mortalité, des tendances de mortalité selon une cohorte de naissances et des tendances de mortalité proportionnelle. Ce tableau de bord interactif permet l'affichage successif de trois modes de visualisation (carte, tableau, graphique).

---

[33] *Kentucky cancer registry : http://www.kcr.uky.edu/*

[34] *EPIQMS, http://app2.health.state.pa.us/epiqms/Asp/ChooseDataset.asp*

[35] *State cancer profiles, http://statecancerprofiles.cancer.gov/map/map.noimage.php*

[36] Infobase, http://www.cvdinfobase.ca/surveillance/Mapdb/Infobase_f.htm

6 Synthèse et Conclusion

Un Système d'Information Géographique permet de mémoriser, analyser et visualiser les données géographiques. La prise en compte de la nature particulière de l'information géographique implique une reformulation des outils et des techniques classiques de modélisation, de mémorisation, d'analyse et de visualisation.

Par ailleurs, le pouvoir expressif des cartes ainsi que le caractère itératif et flexible du processus d'analyse spatiale caractérisent l'analyse de ce type d'information. Par conséquent, le mariage de la cartographie avec un système d'information transactionnel ou même décisionnel, implique une amélioration systématique le la décision à prendre quelque soit le domaine d'action.

Chapitre III : Services Web géographique

1 Introduction

L'émergence d'Internet est entrain de révolutionner la manière considérable dont le nombre et la variété des ressources disponibles augmentent. Elle a donc conduit à de nouvelles formes d'interactions telles que le B2B (*Business to Business*) quand une société travaille pour une autre société et le B2C (*Business to Commerce*) où une société travaille pour le grand public. Dans ce contexte, la notion de services accessibles sous forme électronique apparaît comme une mutation permettant de franchir une étape importante vers la construction du Web sémantique.

Cette notion nous pousse alors à aborder l'une des plus importantes parmi ces fonctions : l'**interopérabilité**. En effet, dans ce nouveau paradigme, nous ne sommes pas obligés de parler le même langage. La question qui se pose alors est : comment peut-on mieux se comprendre ? Le mieux est que : au lieu de se mettre d'accord sur le même langage avec obligation soit d'en créer un, soit de prendre un ancien. Nous allons continuer à parler notre langage, mais en standardisant les échanges à la lumière des conventions.

Afin de faciliter les échanges entre des systèmes hétérogènes, nous avons à faire à des métadonnées. Ces métadonnées facilitent les échanges en communiquant les descriptions sur les données dans un format standardisé via services web.

Parmi les définitions qu'on peut trouver sur l'interopérabilité également : « La capacité d'échanger des données entre systèmes multiples disposant de différentes caractéristiques en terme de matériels, logiciels, structures de données et interfaces, et avec le minimum de perte d'information et de fonctionnalités » (NISO, 2005).

Dans notre cas, les services sont annoncés comme étant à la base des applications de la cartographie Web qui répondent aux différents besoins sur le web des utilisateurs d'une manière dynamique et active.

1.1 Définitions
1.1.1 Les Services Web

Le mot « service web » est un mot composé de deux mots faisant référence aux sites web qui ne se contentent pas de fournir une information statique mais qui permettent également d'effectuer certaines actions pour insinuer le coté dynamique. En vue de définir les services web, il est d'abord primitif de songer à faire la différence entre deux termes communément confondus et fréquemment utilisés : e-services et Web services. Un e-service est souvent défini comme étant une application accessible via le Web et fournissant un ensemble de fonctionnalités à d'autres applications ou utilisateurs. Par contre, le terme Service Web désigne une notion similaire mais en mettant l'accent sur les technologies du Web. En effet, un Web service est généralement défini comme une application accessible via des protocoles Internet standards. Un service web peut donc être considéré comme une fonctionnalité mise en place par un fournisseur sur un serveur distant, accessible à un outil client via le web, sans intervention humaine (automatisation), et ce quelle que soit la technologie utilisée (**interopérabilité**). (Henri Pornon et al, 2008)

Il existe actuellement un grand nombre de services disponibles sur le Web. Cependant, dans la plupart des cas ces services sont délivrés de manière individuelle. La capacité de partager de manière efficace les services sur le Web est une étape cruciale pour le développement de cette technologie. Pour atteindre ces objectifs, les développeurs d'e-services sont confrontés à plusieurs défis, notamment :

- Comment développer et déployer rapidement des applications qui peuvent fournir des e-services ?
- Comment décrire et mettre à disposition des e-services de sorte qu'ils puissent être découverts par les utilisateurs potentiels ?
- Comment supporter des négociations automatisées ?
- Comment surveiller, coordonner, et composer l'exécution des e-services ?

Clairement les services doivent répondre à un certain nombre d'exigences afin de pouvoir jouer un rôle important dans le domaine des nouvelles applications liées au e-business ainsi que dans le développement d'applications distribuées. Ils doivent être modélisés et conçus pour refléter les objectifs des processus opérationnels. Bien qu'un certain progrès ait été accompli dans le domaine de la découverte des services, et que certaines normes comme MARK, ISO 2709, et Dublin Core commencent à émerger.

1.1.2 Les services web géographiques

Les systèmes d'information géographiques ne font pas exception à la règle. Ce sont des applications faisant appel également à des services web géographiques. On parle donc de

71

services faisant le géocodage, le renvoie de données cartographiées ainsi que celles géographiques comme le nom de la zone, sa population, les maladies existantes… par ailleurs, les services web géographiques constituent un sous-ensemble des services web et doivent subir les mêmes exigences. Cependant, pour la plupart des géomaticiens, au-delà de la confusion entre services web et web-mapping que nous évoquons plus loin, le terme services web évoque surtout les standards de l'Open Geospatial Consortium (OGC) décrits dans les tableaux 1 et 2

1.2 Standard de l'OGC

L'OGC propose de standardiser les interfaces de services Web destinées au partage et à la diffusion de l'information géographique dans l'optique de favoriser l'interopérabilité entre les systèmes. En effet, la production de données géométriques à jour et de qualité est très coûteuse. L'échange et le partage de données entre organisations sont souvent les seules façons pour les décideurs et autres utilisateurs de données d'obtenir toute l'information désirée (de Vries et al, 2004). Les possibilités d'Internet et des services Web côté diffusion de l'information font de ces technologies des avenues de premier plan pour les organisations qui désirent systématiser les processus de transfert de l'information géographique. Par contre, la nature hétérogène des données spatiales autant sur le plan technique que sémantique cause problème. En effet, les nombreux formats de données utilisés pour stocker l'information ainsi que les différentes structures géométriques utilisées rendent très complexes les processus d'échange et d'intégration de données. L'interopérabilité entre les données et les systèmes doit être envisagée afin d'amenuiser cette hétérogénéité qui freine le partage de l'information. C'est donc pour ces raisons qu'il y avait nécessité du côté de l'OGC à standardiser ce processus de partage de l'information géographique. Ce travail de standardisation de l'OGC été le résultat de différentes spécifications de services web standards telles que le Web Map Service (WMS), le Web Feature Service (WFS) ainsi que le Web Coverage Service (WCS). À noter aussi que l'OGC a récemment adopté comme standard pour la représentation et le partage de données graphiques à contenu géographique en ligne, le format de données propriétaire KML de Google qui permet la représentation sous format XML des modèles destinés au visualisateur Google Earth.

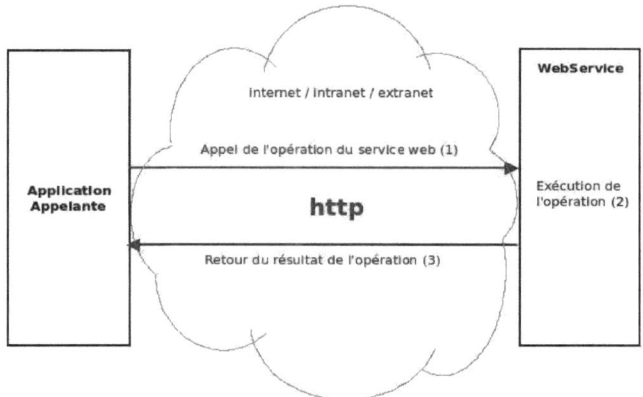

FIGURE II.III.1: LE CONCEPT DU WEB SERVICE (WWW.DEVELOPPEZ.COM)

1.3 Web Map Service (WMS)

La spécification WMS est un standard international qui dicte le comportement d'un service Web permettant la création dynamique de cartes géographiques livrées sous format graphique telle qu'une image (WMS, 2001). Les cartes générées par le service sont créées à partir de données spatiales stockées sur un serveur. Suite à une requête d'un client contenant les détails de l'information désirée sous forme de paramètres (format de la carte, symbologie, coordonnées du secteur désiré…), la carte est générée et renvoyée vers le client pour consultation. Cette spécification a été la première à être développée dans la série de standards de services Web de l'OGC et définie trois opérations standards soit GetCapabilities, GetMap et GetFeatureInfo.

Le WMS est sans contredit une spécification limitée à la diffusion de modèles géométriques 2D. En effet, les paramètres passés au service lors des requêtes contiennent uniquement l'information requise pour la création d'une carte et seraient insuffisants.

1.4 Web Feature Service (WFS)

La spécification WFS (OGC, 2005b) est la seconde interface Web proposée par l'OGC qui permet de distribuer la donnée spatiale à partir d'un service Web. Contrairement au WMS, un WFS ne sert par seulement une image de la donnée, mais bien la donnée elle-même en format standard. L'objectif du WFS est donc de recevoir les requêtes du client, de récupérer les données demandées sur le serveur et de retourner au client cette donnée en format XML encodée selon la norme GML. À l'inverse, un WFS peut aussi permettre de mettre à jour des

73

données dans une base de données à partir de requêtes du client. L'interface du WFS propose minimalement les opérations suivantes GetCapabilities, GetFeature et DescribeFeatureType. La spécification WFS exige maintenant du GML version 3.x comme format de transfert de données. Bien qu'il n'ait jamais été présenté officiellement comme un service Web de distribution de données spatiales.

1.5 Web Coverage Service (WCS)

La spécification WCS définie une interface standard pour l'échange de données géographique sous forme de couverture i.e d'information numérique représentant les caractéristiques spatio-temporelles ou même multidimensionnelles d'un phénomène (OGC, 2006). Contrairement au WMS qui renvoie des cartes statiques sous forme d'image, un service Web WCS permet de distribuer la donnée avec sa sémantique associée comme par exemple l'information contenue dans chaque pixel d'une image raster. Cette donnée peut être interprétée ou extrapolée contrairement à une image qui n'offre qu'un rendu graphique sans information sous-jacente. D'une manière générale, on peut décrire le WCS comme l'équivalent du WFS mais avec la capacité de distribuer des données en tesselation au lieu de données discrètes. Un service WCS supporte les opérations GetCapabilities, DescribeCoverage et GetCoverage. Supportant les couvertures multidimensionnelles, la spécification WCS pourrait théoriquement permettre la distribution de différents modèles 2D ou 3D à base de voxels et selon un FrameWork orienté Web service et basé sur les standards OGC comme illustré ci dessous :

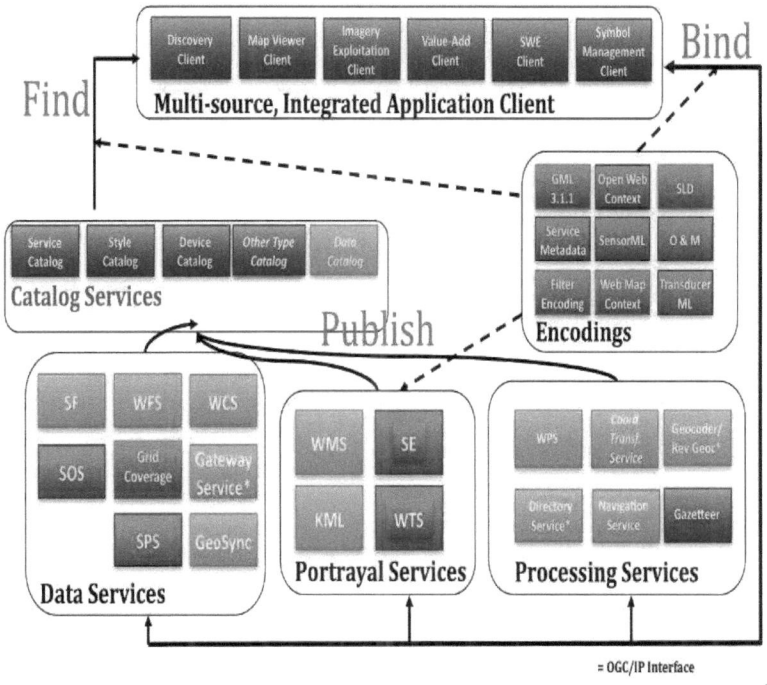

FIGURE II.III.2 : FRAMEWORK DES SERVICES WEB OGC (OSGEO.ORG)

1.6 Les services de registres

Sur le volet métadonnée, le standard OGC qui permet l'implantation d'un catalogue de données de l'information géographique est le standard CS-W : Catalogue Service for the Web.

Dans un article paru à la revue GéoConnexions (GéoConnexions, 2012). On définit le CS-W, comme étant un service de registres permettant la recherche et la publication des notices (métadonnées) sur des données, services et objets d'information diverse et complexe.

Le catalogue des ressources spatialisées distantes (CS-W), regroupe un ensemble de descriptifs (notices) constitués de plusieurs champs obligatoire et facultative, respectant une forme normalisé de métadonnées, exemple : Dublin Core, Directive INSPIRE et les standards ISO TC211 (ISO 19115 et ISO 19139) (georezo, 2011)

Ci-dessous un schéma simplifié, expliquant le fonctionnement d'un service de catalogage :

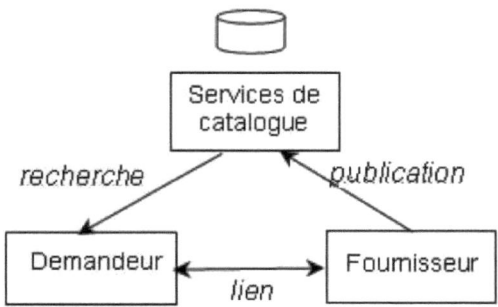

FIGURE II. III.3: SERVICE DE CATALOGUE WEB (CSW) (GÉOCONNEXIONS)

Le fournisseur des ressources spatialisées, publie des descriptifs ou notices sur le catalogue, pour les rendre plus accessible aux utilisateurs.

Un demandeur via la fonction de recherche du catalogue, explore les ressources misent à sa disposition. Plus encore, le demandeur peut trouver un fournisseur convenable et communiquer avec lui sans le connaître au préalable (lien).

A coté de ces fonctions de base d'un service de catalogage, nous pouvons aussi identifier d'autres fonctions plus transactionnelles qui permettent l'ajout, la mise à jour et la suppression des métadonnées. Ce qu'on appelle les CSW-T (Transactionnel).

Pour permettre la réalisation de ces fonctions, le CS-W repose sur une série d'opération des classes OGC (Eveline Bernier, 2007) comme illustré sur le schéma ci-dessous :

76

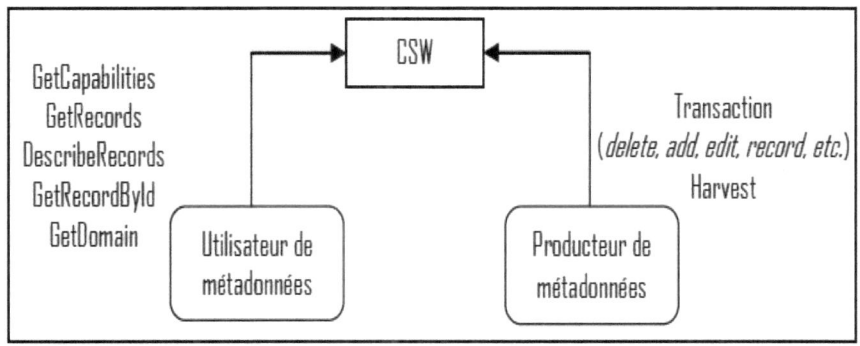

FIGURE II.III.4 : LES OPÉRATIONS DU SERVICE CSW (RAPPORT DES TECHNOLOGIES GÉOSPATIAL)

Et encore :

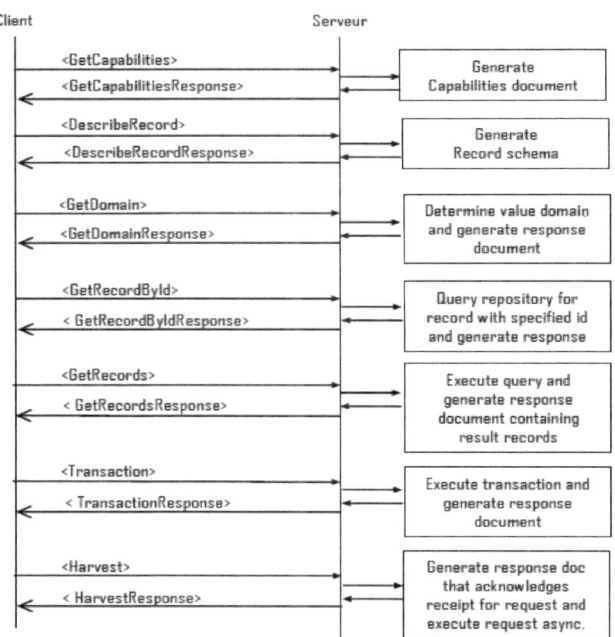

FIGURE II.III.5 : LES REQUÊTES CSW (RAPPORT DES TECHNOLOGIES GÉOSPATIALES)

En conclusion, le CSW est un standard ouvert de la famille OGC, reposant sur des normes ISO, permettant de facilité l'échange de ressources spatialisées entre différents système hétérogènes. Grace à une série de 7 opérations, dont 4 sont obligatoires. Un CS-W peut implémenter des opérations transactionnelles, on l'appelle donc un CSW-T

2 Caractéristiques Communes des Services Web

Ces caractéristiques se résument en :

● Une gestion par interface Web

● Une intégration sur site ou possibilité d'un hébergement en mode ASP

● Une adaptation à la charte graphique souhaitée

Les technologies des services Web telles que SOAP, UDDI ou WSDL vont faciliter la mise en place de coopérations entre entreprises sur Internet. Grâce aux services Web, vous allez pouvoir faire communiquer beaucoup plus facilement que par le passé votre système d'information avec ceux de vos partenaires. Une question importante se pose: quelles technologies pour l'implémentation des services Web eux-mêmes ? La tendance générale est l'adoption d'approches de haut niveau mêlant *workflow* et modélisation objet. Cette combinaison services Web et approche objet dynamique bouscule les modèles de composant métier standards que sont EJB, COM et CORBA. De nouvelles technologies plus adaptées émergent. A Orchestra Networks, nous mettons en œuvre les services Web pour développer notre technologie. Nous vous présentons ici une analyse technique issue de notre expérience dans ce domaine.

3 Langages pour les Services Web

Un langage approprié pour les services Web doit permettre la description formelle des classes et des propriétés utilisées dans les documents. Afin que les machines puissent réaliser des tâches de raisonnement utiles sur ces documents, le langage doit incorporer des possibilités de spécification de la sémantique qui vont au delà de ce qui peut être fait actuellement par des langages comme RDF. De telles technologies pourraient être utilisées de plusieurs manières dans le futur Web :

Des métadonnées riches pour les médias et le contenu pour améliorer la recherche et la gestion d'information. Des descriptions riches de services Web pour améliorer la découverte et la composition dynamique de services. Des *wrappers* d'accès communs pour les systèmes d'information pour simplifier l'intégration de systèmes.

De telles possibilités doivent permettre un accès plus large et plus important pas seulement au contenu mais aussi aux services sur le Web. Les utilisateurs et les agents logiciels doivent être capables de découvrir, d'évoquer, de composer, et de contrôler des ressources Web offrant des services particuliers et ayant des propriétés particulières.

 Les langages de description existants peuvent être classés en quatre catégories en fonction du type d'objet qu'ils permettent de décrire :

Objets orientés documents : A l'origine, la donnée du Web la plus basique est un document structuré. Typiquement, HTML permet une annotation de texte (inspiré de SGML), et ceci a été hérité par son descendant XML.

Objets orientés données : Ce type d'objets résulte des efforts de recherche dans la communauté bases de données. C'est ce qui correspond aux données semi-structurées. Les exemples de langages sont par exemple Quilt, UnQL, Xpath, XQL et Yalt.

Objets orientés calcul : C'est essentiellement des formalismes logiques comme le π–calcul, join calculus, et CHAM.

Objets orientés sémantique : Ce sont des langages qui permettent d'exprimer le contenu sémantique d'objets Web. Comme exemples nous trouvons : SHOE, RDF, OIL.

4 Langage d'Ontologies pour les Services Web

Si des machines pouvaient comprendre, et donc interpréter, le contenu des pages Web, alors la recherche d'information avec une grande précision serait possible. Si l'appui sur les traitements de la langue naturelle n'est toujours pas possible en général, le recours à des langages formels permettant de décrire le contenu plutôt que la représentation ouvre de nouvelles perspectives. Bien que XML soit un outil standard qui a apporté une vision originale au problème de l'interopérabilité, la divergence dans le vocabulaire le rend difficile d'utilisation pour la recherche d'information sur le Web. Un langage approprié pour la spécification de la sémantique du Web doit supporter les ontologies de façon à répondre à des besoins que sont :

Partage d'ontologies: les ontologies doivent être disponibles de telle sorte que différentes sources de données puissent les accéder pour le partage de la sémantique.

Evolution des ontologies : les ontologies peuvent changer au cours du temps et les sources de données doivent spécifier quelle version de l'ontologie elles utilisent ?

Interopérabilité des ontologies : Différentes ontologies peuvent modéliser les mêmes concepts de différentes manières. Le langage doit fournir des primitives pour relier différentes représentations, permettant ainsi à des données d'être converties dans différentes structures.

Compromis expressivité- utilisabilité : le langage doit pouvoir permettre l'expression d'une variété de connaissances, mais doit aussi pouvoir offrir des possibilités de raisonnement sur ces connaissances. Comme ces deux objectifs sont en général antagonistes, le but du langage est de trouver un compromis qui permet d'exprimer les types de connaissances les plus importants.

Facilité d'utilisation : le langage doit nécessiter un moindre effort d'apprentissage et avoir des concepts et une sémantique clairs. Les concepts doivent être indépendants de la syntaxe.

5 Distinction entre Web mapping et service web Géographiques

Le mot « *web mapping* » désigne l'ensemble des applications cartographiques dynamiques et interactives disponible sur le web. Ces applications offrent à l'utilisateur uniquement la visualisation de cartes interactives à travers les fonctionnalités l'assistance comme par exemple les fonctions offertes par l'API OpenLayers, HightChart ou GeoExt. A contrario, un service Web SIG désigne des fonctions incluant des requêtes attributaires spatiales.

6 Synthèse et Conclusion

Il y a quelques années, on a connu la course aux développements de sites Web sur l'Internet. Aujourd'hui, on assiste au rush de la mise en place de services Web géographiques à travers l'Internet. Ce pont entre aujourd'hui dans une phase de maturité technologique, dans laquelle de grands standards ouverts sont adoptés. Les services Web géographiques et les technologies sous-jacentes participent à un mouvement de coopération et d'alliances de grande ampleur entre plusieurs participants dans le domaine de la santé publique.

Partie III: Approche par ontologie pour le suivi de la dynamique géographique des maladies

Chapitre I : Contribution

1 Introduction

A la lumière des autres domaines, la communauté sanitaire marocaine ne cesse de fournir des efforts considérables afin de moderniser ses systèmes d'information actuels.

Par ailleurs, ces évolutions semblent encore insuffisantes vu l'émergence dans un domaine informatique en perpétuelle évolution. Cette émergence, permettra certes une avancée scientifique et technique dans le domaine de la santé, en particulier, en optimisant les coûts ainsi que les ressources déployées pour la collecte et l'exploitation **rigoureuse** des données.

En particulier, notre étude du Système d'information du CHU Hassan II de Fès dans sa globalité, nous a confirmé le manque de tout aspect recherche dans ce système malgré la structure grandiose déployée pour son exploitation. Il est plutôt exploité administrativement que scientifiquement. Ce constat nous a directement conduit à partir de l'hypothèse suivante :

La décision médicale peut être améliorée par le billet d'une nouvelle approche sur les données et un autre type de Système d'Information.

Afin de vérifier le degré de vérité de notre hypothèse ainsi que la causalité de notre Système d'Information, nous nous sommes posé les questions suivantes :

- **Est-ce que les données issues des systèmes d'information hospitaliers (SIH) en général sont toujours utilisables dans leur format d'origine ?**

- **Est-ce qu'elles nécessitent donc d'être enrichies, réorganisées et liées à des ressources externes de connaissances ? (Thésaurus, ontologies)**

- **Existent-t-il des relations entre les patients, leurs maladies et leurs environnements ?**

En effet, un panorama d'atlas numériques présentés dans le chapitre II illustre le potentiel des cartes qui demeure encore sous-exploité dans le domaine de la santé. Les technologies traditionnellement utilisées pour produire ces cartes supportent mal le processus cognitif des décideurs et des analystes cherchant comprendre un phénomène, émettre des hypothèses, et découvrir de nouvelles connaissances à partir de celles existantes.

Dans ce contexte, et en réponse à ces questions, il semble être indispensable de décrire la sémantique et l'organisation des objets du domaine médical afin de se doter de modélisations conceptuelles (non contextuelles et non ambiguës) permettant le management du système de santé, dont le sens est inscrit dans la structure même du modèle. D'où le choix de notre approche de modélisation par « ontologie ».

Cependant, l'utilisation d'une ressource sémantique telle qu'une ontologie constituerait sans doute un moyen d'enrichir les données cliniques du CHU de Fès, et va les rendre plus rentables et efficaces, en vue de répondre plus précisément à des questions d'ordre médical complexes liant l'état d'un patient à son environnement. En outre, il devient indispensable de réfléchir à la construction de ces ressources et aux relations qu'elles entretiennent en termes de spécificité de validation, et d'évolution dans le domaine de la santé.

Afin de traiter la relation entre les patients et leur environnement, notre contribution vise alors la mise en place d'un nouveau prototype intégrant à la fois l'aspect existant pour les fins habituelles mais aussi deux autres composantes principales : La composante sémantique et la composante géographique. Cet outil qu'on peut nommer Géo-portail sémantique sanitaire, a pour vocation de favoriser particulièrement le croisement de plusieurs dimensions ou données issues du Système National d'Information Sanitaire (SNIS).

En réalité, le CHU de Fès dispose dans le meilleur des cas de l'adresse du patient. Notre approche table également sur l'acquisition non seulement de son domicile mais de tous les endroits fréquentés dans le cas d'une maladie transmissible. Dans le cas contraire, les épidémiologistes du CHU confirment que le dépistage d'une maladie localisée est beaucoup plus facile que le cas de la maladie sans dimension géographique. Par exemple, une rivière peut bien être la cause du choléra. Un trajet connu d'un touché de la tuberculose facilitera la prévention…

En outre, de point de vue modélisation, le contexte médical exige la distinction entre les maladies transmissibles et non transmissibles. Ce contexte ramène aussi à réfléchir aux cas des maladies générant d'autres systématiquement ; d'où la génération de nouvelles données pertinentes à partir de celles déjà existantes. C'est une parmi les limites du système existant et un point fort de notre approche. Nous pouvons prétendre générer des informations à partir des données existantes et prévoir le traitement de certaines maladies héréditaires par exemple avant que la personne soit atteinte….

Pour palier à ce problème de modélisation, notre approche consiste à proposer **une architecture de système d'information à base d'ontologie en couplage à une base de données hospitalière et représenter le tout sous forme d'un tableau de bord sanitaire Spatial**. Ce tableau pourrait être utilisé comme étant un support d'information et deviendrait un outil de base pour l'avancement de la recherche scientifique médicale et surtout pour l'aide au diagnostic et à la prise de décision.

2 Démarche

La **démarche** que nous proposons vise **l'utilisation et exploitation des connaissances médicales (ontologie), pour répondre à des questions cliniques, en se basant sur les méthodes et outils du web sémantique associant l'aspect géographique.**

Dans un premier lieu, vu la performance de certains outils open source, nous proposons une architecture harmonique et fiable associant le pouvoir des cartes aux aspects sémantique des données médicales. Deux ressources principales sont utilisées:

Une partie d'une base de données clinique construite à partir des données issues du Centre Hospitalier Hassan II de Fès ainsi qu'une ontologie de test crée pour traiter des aspects de santé ciblés.

3 Spécification des besoins fonctionnels

La phase d'analyse des besoins est cruciale pour la réussite de notre travail. En effet, c'est en amont du développement logiciel que l'on décide des fonctionnalités à lui attribuer ainsi que la spécification détaillée du besoin auquel il répond.

3.1 Etude de l'existant

En amont, la coordination de la collecte des données depuis l'ensemble des structures de soin sur le plan national se fait au niveau du Service des Etudes et de l'Information Sanitaire (SEIS). Toute personne physique ou tout département se doit de déposer une demande auprès du SEIS afin de consulter et exploiter les données contenues dans la base de données.

D'autre part, le Ministère de la santé publie annuellement un rapport nommé « **santé en chiffre** » contenant quelques informations, de l'année précédente, sur les ressources sanitaires (Infrastructure Sanitaire, Ressources Humaines, Ressources Financières), la production des établissements de santé et l'état de santé.

Ainsi l'information sanitaire est difficile à atteindre par les professionnels de la santé qui ont en besoin éventuellement entre autres pour l'élaboration des rapports demandés par le même ministère.

3.2 Fonctionnalités attendues

En attente de ce travail, le tableau de bord sanitaire sémantique doit permettre l'exploration et l'interprétation des données de santé fournies par le SEIS en passant par une ontologie médicale. Pour ce faire, et comme tout Système d'Information Géographique, il doit remplir les fonctionnalités basiques connues sous l'acronyme 5 A :

- *Abstraction*

   Cette partie se scinde en deux phases :

   Modélisation : c'est une phase cruciale puisqu'elle sert de support de communication entre les divers intervenants du projet (décideurs, utilisateurs, prestataires, …) en vue de converger les points de vues des divers métiers et arriver à un résultat satisfaisant. Elle revient à concevoir un modèle qui organise les données par composants géométriques et par attributs descriptifs ainsi qu'à établir des relations entre les objets sémantiquement différents.

   Intellectualisation : Cette étape consiste à choisir le logiciel adéquat pour transcrire et stocker le schéma conceptuel de donnée.

Acquisition

Cette étape consiste à connaitre et distinguer les sources d'acquisition de l'information pour qu'elle soit fiable et pertinente. Que ce soit les données géographiques ou attributaires propres au métier.

Archivage

A ce stade il faut choisir le SGBD et transférer les données acquises de l'espace de travail vers l'espace d'archivage.

Analyse

Permet de répondre aux questions que l'on se pose, de définir les requêtes spatiales et attributaires et de choisir les indicateurs adéquats et pertinents à la prise de décision, ce qui est le cas pour ce projet.

Affichage

Le but de cette phase est d'exploiter les informations stockées dans la base de données via un prototype d'application simple et intuitif, tant pour un utilisateur ordinaire que pour un décideur expérimenté. Etant la composante principale de celle-ci, les tableaux de bord permettent de mieux appréhender un phénomène dans son ensemble à partir de quelques indicateurs.

4 Spécification et Contraintes techniques

La principale contrainte technique de cette application SIG Web est l'utilisation des outils Open Source respectant les spécifications de l'OGC. L'application est donc basée sur les APIs OpenLayers, GeoExt et ExtJS pour la mise en place du tableau de bord sanitaire, la technologie JDBC pour l'accès à la base de données ainsi que OWLApi pour l'intégration de l'ontologie. Pour l'interrogation de données, nous avons utilisé le SPARQL qui est à la fois un langage et un protocole de requête. Le protocole va permettre à un client Web de consulter, en exécutant une requête SPARQL, un service ou point d'accès SPARQL (Endpoint) qui traitera la requête pour retourner la réponse sous différents format (HTML, XML, RDF/XML, etc.).

Le langage permet d'interroger des descriptions RDF en utilisant des clauses (similaires dans certains cas à celles du langage SQL) telles que **PREFIX** (spécifie l'adresse exploitée dans la construction de la requête :

> **SELECT** … **[FROM]** … **WHERE** (requête interrogative), **CONSTRUCT** (requête constructive), **UNION**, **OPTIONNAL** (jointures, conditions optionnelles), **FILTER** (conditions obligatoires) et **DESCRIBE**, **ASK** (description d'une ressource, évaluation d'une requête).

De ce fait aucune installation n'est nécessaire dans le poste client pour l'utilisation de l'application et la visualisation des données. L'application doit répondre à une autre contrainte tout aussi importante, qui est l'évolutivité de la solution via le web.

5 Résultats

A partir de l'année 2006, une nouvelle notion est apparue dans le monde des systèmes d'information web. Le but était de rendre modulaire le développement des applications. Une parmi les solutions de mise en œuvre était l'intégration de composante des fonctions applicatives élémentaires sous forme de modules. Ce nouveau contexte a mener à la mise en œuvre des architectures orientées services (SOA : « Service Oriented Architecture »). Le choix de cette architecture est justifié par la réalisation d'un ou plusieurs traitements à l'aide d'une interface par le service appelé par l'utilisateur ou utilisé simultanément par un autre service.

A la différence avec les systèmes d'information simples, des données à base d'ontologie pourraient servir à mieux agir en se basant sur les concepts de l'ontologie, prévenir ou luter contre une maladie vue les aspects médicaux consensuels présents dans cette ontologie .

Pour représenter l'état actuel des applications existantes, nous avons développé le prototype illustré sur la figure ci dessous :

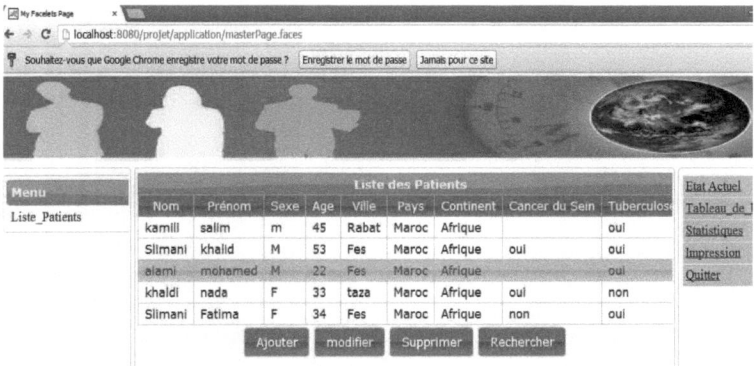

5.1 Architecture Proposée de la solution

L'architecture choisie pour ce prototype de solution SIG WEB est celle à 3 tiers où :

o *Tiers 1 :* « Tiers Client » symbolise le client de l'application qui est un client léger représenté par les navigateurs Internet.

90

o **Tiers 2 :** « Tiers Web » symbolise le serveur d'application Tomcat sur lequel est déployé le serveur cartographique GeoServer qui respecte les spécifications de l'Open Geospatial Consortium (OGC). Il implémente de nombreuses spécifications Web Services comme WMS qui permet au moyen d'une URL formatée d'interroger des serveurs cartographiques et d'obtenir ainsi des cartes géoréférencées..

Ce protocole est devenu un standard implémenté par la quasi-totalité des serveurs cartographiques tels que MapServer, GeoServer, ArcGis Server... Côtè client, de nombreuses applications permettent l'interrogation de ces services : OwlApi, OpenLayers, GoogleMap, PMapServer, MapGuide OS...

o **Tiers 3 :** « Tiers Serveur de données », C'est le serveur de base donnée, PostgreSQL avec la cartouche spatiale PostGIS, chargé du stockage des données. Il répond aux requêtes du serveur cartographique.

Ces composantes sont illustrées dans la figure ci après :

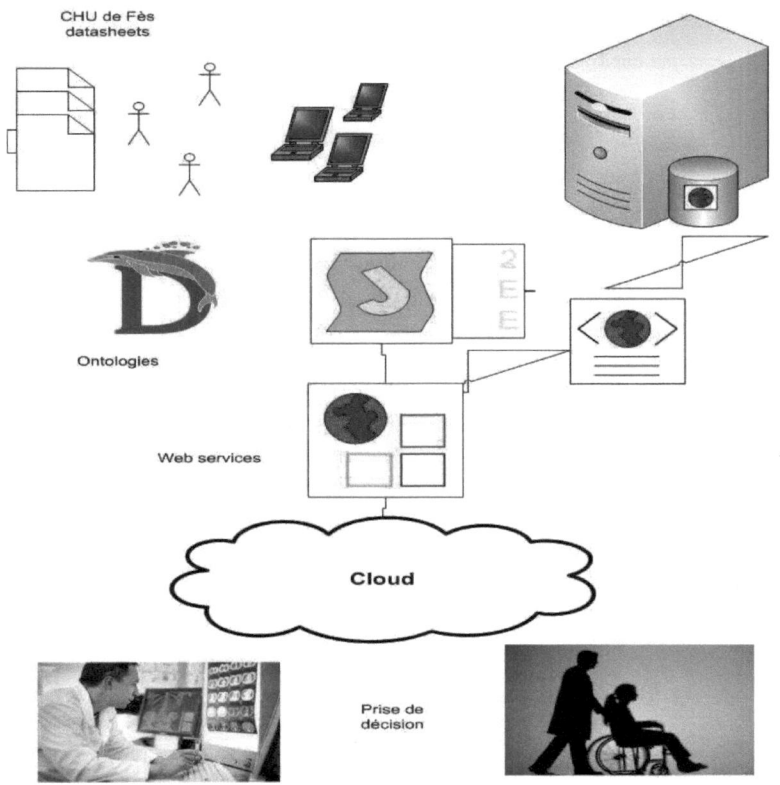

FIGURE III. I.1 : ARCHITECTURE TECHNIQUE DU TABLEAU DE BORD SANITAIRE SÉMANTIQUE

5.2 Outils techniques

Les choix techniques constituent souvent un facteur critique pour la réussite d'un projet informatique d'envergure, dans la mesure où la technologie utilisée est susceptible de nuire à l'intégralité du projet si elle est mal adaptée à la nature de ce dernier et aux compétences de sa maîtrise d'œuvre. De ce fait, un benchmarking a été réalisé pour opter pour le meilleur choix. Les APIs OWLApi, OpenLayers, GeoExt et ExtJS constituent notre choix pour l'implémentation de la solution. OwlApi est la responsable de l'intégration de nos données dans l'application de traitement. OpenLayers, GeoExt et ExtJS quant à elles constituent les Apis choisies pour les fonctionnalités de présentation géographique et de synthèse des données des patients.

92

Afin de citer l'ensemble des outils utilisé, le tableau ci-dessous en représente une récapitulation :

Outil	Version	Fonction
Protégé	3.4.5	Edition des ontologies
PostgreSQL/PostGIS	9.0 (PostGIS 1.5)	SGBD
PgAdmin	1.12.3	Administrateur du SGBD
Apache Tomcat	6	Serveur Web
QGis	-	Logiciel SIG
Geoserver	2.1.0	Serveur cartographique
FireBug	1.7.1	Débuggeur
NotePad ++	5.9	Développement
ExtJs	3.3.1	API
OpenLayers	2.10	API cartographique
GeoExt	1.0	API cartographique
owlapi-distribution-	3.4.5	API ontologie

TABLEAU III. I.2 : LISTE DES OUTILS UTILISÉS

5.3 Schéma de l'ontologie

L'ontologie du prototype a été crée pour les tests à réaliser. C'est une source d'information extensible pouvant être dotée de n'importe qu'elle information par la suite. Son schéma de départ est le suivant :

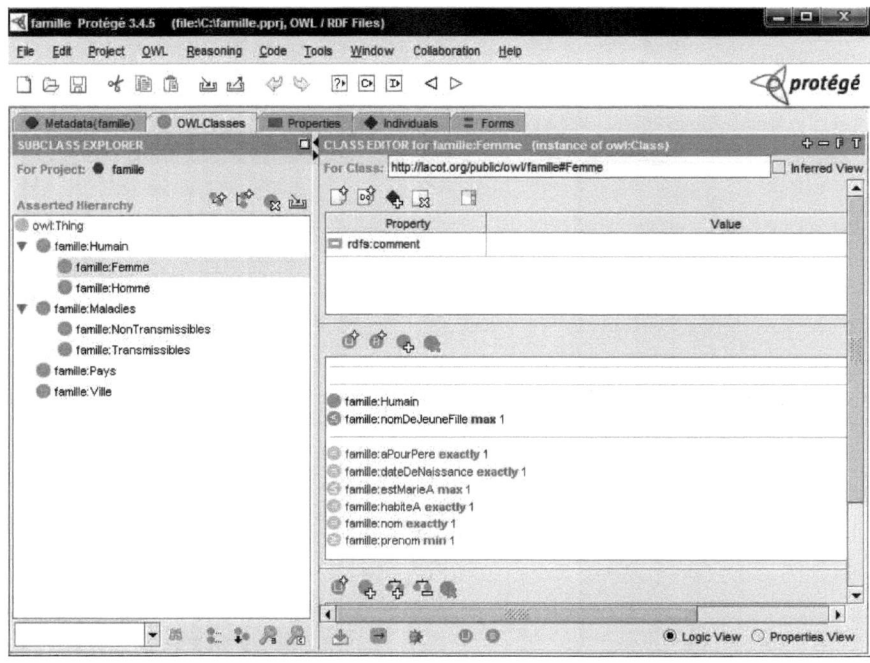

FIGURE III. I.3 : CLASSES DE L'ONTOLOGIE « PATIENT »

L'interrogation de données se fait selon le « OwlApi » et nous pouvons visualiser les axiomes de la manière suivante :

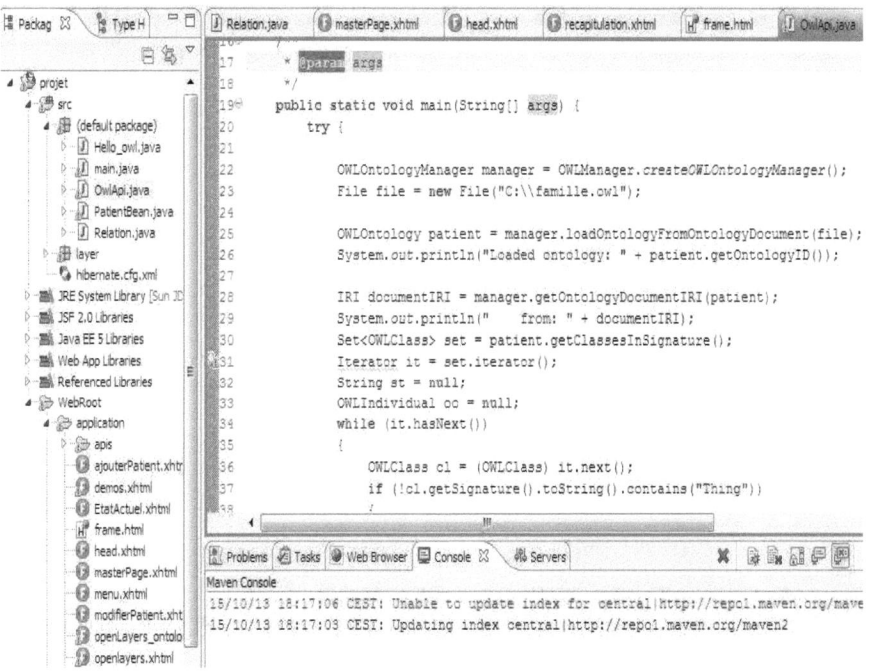

FIGURE III. I.4 : EXPLOITATION DE L'ONTOLOGIE « PATIENT », VISUALISATION DES AXIOMES

En ce qui concerne la base donnée géographique, nous avons intégrer le plugin « Postgis » afin de pouvoir importer les « shapefiles » ou cartes crées dans le logiciel de cartographie comme étant des tables dans la base de données utilisées. L'interface de ce SGBD est représentée dans la figure ci après :

95

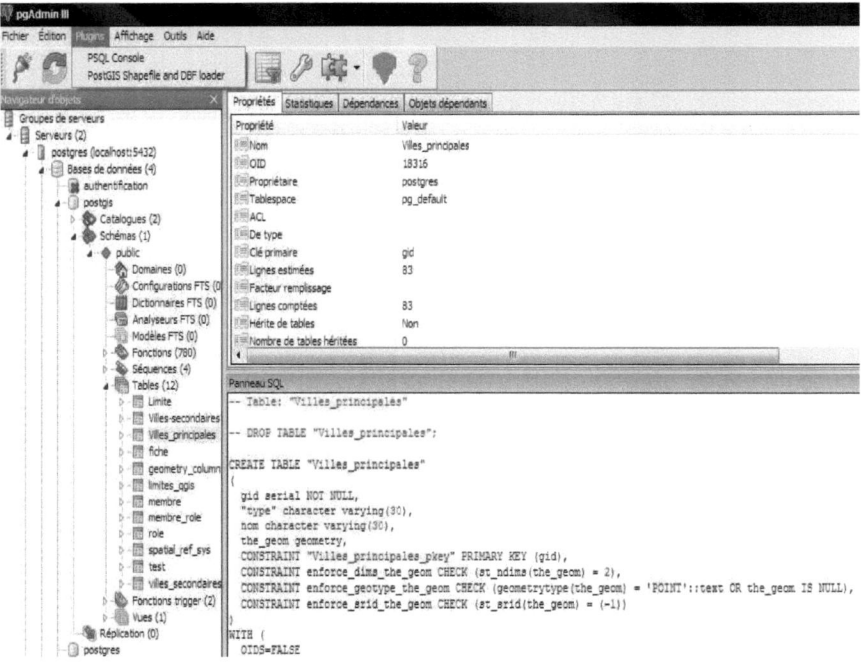

FIGURE III. I.5 : BASE DE DONNÉES SPATIALES

Le résultat final de l'association de toutes les composantes précédemment citées est : le tableau de bord sanitaire spatial suivant :

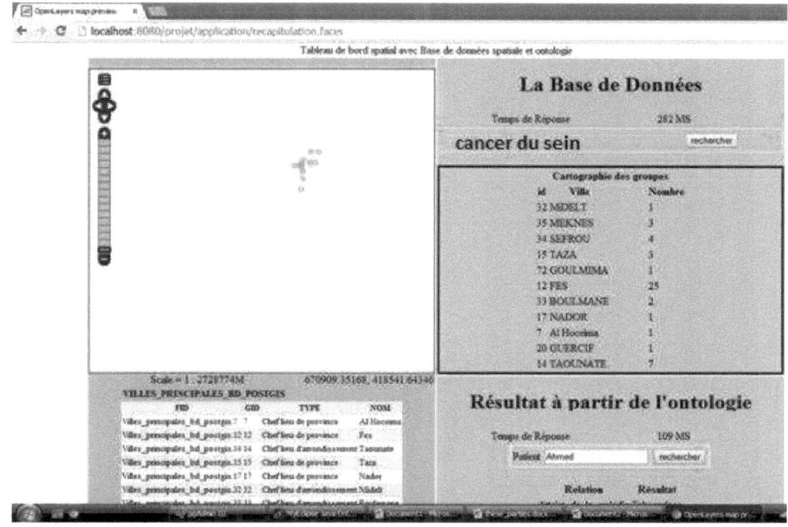

FIGURE III. I.6 : TABLEAU DE BORD SANITAIRE SÉMANTIQUE

Nous avons également pu créer un tableau de bord de statistiques représentées par des graphiques. Ces statistiques ont été jumelées avec des images de satellite au cas où la décision nécessite une image réelle d'une région donnée. Le résultat cité est représenté par la figure suivante :

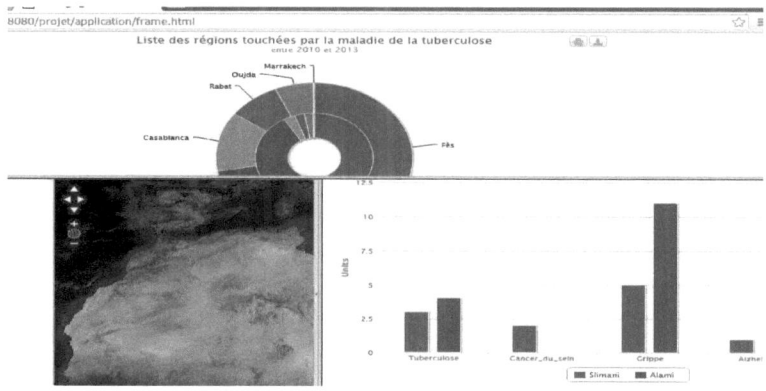

FIGURE III. I.7 : STATISTIQUE AVEC CONNEXION WEB

97

Nous avons exploité également certaines fonction de l'Api Openlayers en ajoutant la possibilité d'impression des états contenant ces cartes si jamais le spécialitste de la santé a besoin de doter le dossier de ce type d'information et ce à travers l'interface suivante :

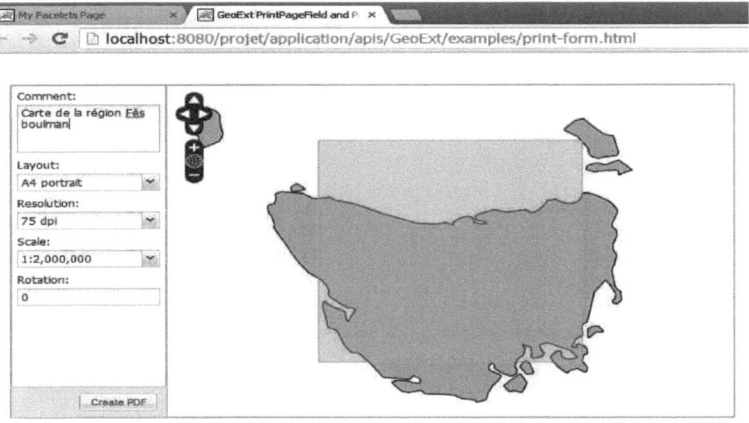

FIGURE III. I.8 : POSSIBILITÉ D'IMPRESSION DES PARTIES DES CARTES

6 Synthèse et Conclusion

Une panoplie de logiciels et de version est présente mais le choix entre ces logiciels n'est pas une chose facile. L'intégration de ces logiciels ensemble et l'assurance de la communication de toutes les composantes nous a pris beaucoup de temps. Chaque composante est un élément phare de l'architecture. L'originalité de ce travail est que le patient n'est plus une simple donnée mais plutôt un contexte et une série de personne afin de traiter par exemple l'hérédité d'une maladie ou même les successeurs d'un probable atteint d'une maladie. En outre et à la différence avec la réalité des hôpitaux du Maroc ; nous proposons à travers notre architecture l'intégration obligatoire de la dimension géographique parmi celles habituelle afin de palier à une multitude de problème spatiaux. L'intégration de cette dernière comme montré sur le tableau de bord offrirait certes une meilleure répartition des moyens sanitaires de l'état et répondra sur mesure aux besoins des composantes spatiales du royaume. D'un autre coté, cette dimension devra enrichir la base de connaissance des systèmes hospitaliers afin d'aider les médecins à avoir des réponses beaucoup plus concrètes sur les régions de provenance, les ethnies ou même les zones fréquentées dans le cas d'une maladie transmissible telle que la tuberculose.

L'architecture présente une démonstration de la possibilité de doter les systèmes d'informations déjà en place de cartographie. Cette solution fait appel non seulement aux technologies des systèmes d'information géographiques mais aussi à l'invitation à penser web pour l'ensemble des facilités qu'il présente à travers la communication via les web services.

Pour résumer, nous pouvons dire que le passage via les ontologies permet une optimisation des temps d'exécution des requêtes. Pour Merise les propriétés sont élémentaires non décomposables mais pour l'ontologie des liens entre propriétés et entre occurrences peuvent exister. Par exemple, l'aspect de l'hérédité est susceptible d'être traité. Du coté des données, nous avons pu utiliser un SGBD spatial open source qui permet la symbiose entre ce qui est modèle logique et couches spatiales crées par un logiciel SIG.

La portabilité, l'architecture orientée services, la réutilisabilité et le profit des aspects web nous ont poussés à travailler avec l'architecture J2EE afin de tout présenter sur le web. Certains API également ont étaient utilisées afin de présenter des statistiques sur la page web constituant la dernière brique pour la présentation d'un tableau de bord sanitaire afin de servir les médecins concernés pour la prise d'une décision médicale plus fondée qu'ils devaient prendre au paravent.

De point de vue médical, notre étude a permit pour le cancer par exemple de mettre le point sur :

- La corrélation entre la spécificité de la région et la survenue du cancer : recherche des facteurs de risque (mode de vie, consommation de certain type d'aliments, relation entre cancer et l'atmosphère de la région pour le cancer cutané et exposition solaire).

- La stratégie de dépistage : dépistage du cancer du sein ou du col utérin par exemple dans les régions d'endémie de ces types de cancer (améliorer l'économie de santé par une stratégie de dépistage ciblée au lieu d'un dépistage à l'aveugle dont les résultats peuvent être médiocre avec un cout élevé)

- L'amélioration de l'accessibilité des patients cancéreux aux structures de santé dans les zones de besoin (construire des centres d'oncologie dans les zones d'endémie du cancer).

Chapitre II : Implémentation

1 Introduction

Les Systèmes d'Information Hospitaliers sont des Systèmes Informatiques destinés à faciliter la gestion de l'ensemble des informations médicales et administratives des patients et des structures hospitalières. En revanche, leur exploitation parait encore insuffisante de point de vue scientifique. Afin de tester notre approche par ontologie pour le suivi de la dynamique de certaines maladies, notre modèle a comme perspective de cartographier plusieurs maladies, la transfusion sanguine et autres.

En effet, la collecte et la distribution de sang et ses dérivés représentent une activité essentielle pour le traitement des patients. Au Maroc, les différents centres de transfusion sanguine sont chargés de collecter le sang par des équipes fixes et mobiles. Ces équipes organisent régulièrement des campagnes de sensibilisation et de collecte de dons dans différents établissements publics et privés.

Hélas, malgré tous ces efforts, le nombre de dons reste encore inférieur au seuil recommandé par l'Organisation mondiale de la santé (OMS). Cette dernière recommande un taux minimum de 1% afin de répondre aux demandes de sang et avoir un stock rassurant en cas d'urgence.

2 Centre Hospitalier Universitaire : Hassan II Fès

Le Centre Hospitalier Universitaire Hassan II de Fès s'aligne sur la politique nationale de régionalisation de l'offre de soins. De ce fait, il corrobore parfaitement la dimension de la régionalisation avancée.

Depuis sa création, le CHU Hassan II a commencé à drainer plus d'une région dépassant ainsi le cadre régional et couvrant les cadres interrégional et national, ce qui a permis de renforcer quantitativement et qualitativement l'offre de soins au niveau de la Région et de soulager les hôpitaux des régions avoisinantes.

Par ailleurs, de par la relation indissociable qui lie le Centre à la Faculté de médecine et de pharmacie de Fès, fait du centre une plate-forme de formation et d'apprentissage pratique encore à exploiter. Cette relation interdépendante qui permet, en outre, le partage et l'optimisation des ressources et des compétences, place de ce fait le CHU parmi les priorités de recherches de point de vue exploitation de données hospitalières.

D'un autre côté, nul ne peut nier l'apport des NTIC dans l'amélioration des pratiques médicales et de la qualité des soins prodigués. C'est ainsi que le nouveau complexe hospitalo-universitaire a su profiter des avancées enregistrées dans le domaine des nouvelles technologies d'information et de communication par la modernisation du plateau technique, le développement des outils d'enseignement et de formation à distance (salles opératoires multimédia), l'automatisation et l'informatisation de la gestion et de la distribution des médicaments ainsi que l'implantation du système d'information hospitalier (SIH) permettant de gérer les flux communicationnels et d'optimiser la gestion de l'information médicale.[37]

3 Le Système d'information Hospitalier du CHU Hassan II de Fès

Le SIH au CHU Hassan II de Fès est le véritable système nerveux de cet hôpital. Ce système traite la gestion hospitalière de point de vue administratif, logistique et humain. Malgré sa puissance et diversité, ce système présente des limites vis-à-vis de l'exploitation scientifique des informations sur les patients. En effet, il se limite à des informations primitives de traitement des patients : admission, sortie et transferts des ou aux différents services de l'hospitalisation, lien avec hospitalisation et consultations externes, et d'effectuer la gestion de l'hôpital en général.

Par suite, ce système a des spécifications fonctionnelles types :
- Admission, transfert et sortie d'un patient;
- Recherche de tous les patients existant dans un service de l'hôpital du jour;
- Diagnostic d'admission (codification selon CIM-10) ;

[37] http://doctinews.com/index.php/archives/40-institutionnel/675-centre-hospitalier-universitaire-hassan-ii-de-fes-un-chu-nouvelle-generation

- Gestion rapide et efficace des besoins cliniques.
- Gestion des actes médicaux des patients admis a l'hôpital du jour.
- Gestion des différents magasins de la pharmacie ;
- Commande interne entre magasins de la pharmacie ;
- Gestion des consommations, des bulletins de livraisons, les remboursements externes.
- Entrée, sortie et remboursements de produits pharmaceutiques, gestion multi-magasin et contrôle de caducité.
- Assignation des médicaments à des patients.
- Utilisation de code à barres de médicaments
- Contrôle de Dose Maximale Dose Minimale et Dose Quotidienne Définie
- Contrôle de Médicaments par des Protocoles
- Contrôle spécifique de: (stupéfiants, antibiotiques…)
- Intégration avec PYXIS selon la norme HL7.
- Gestion des marchés
- Inventaire
- Gestion Médicale (module clinique)
- Gestion des prescriptions programmées pour une période déterminée avec une fréquence.
- Possibilité de produire automatiquement les ordres d'infirmerie correspondants.
- Informations complète sur les prescriptions d'un patient.
- Définitions des différents états des prescriptions.
- Possibilité de validations des prescriptions par un médecin pharmacien.
- Distribution de médicaments.

Tous ces points montrent bien l'absence du vecteur scientifique dans un tel système d'information hospitalier. Il s'agit donc uniquement de système de gestion des données primitives des patients sur le plan gestion. En une absence totale du coté scientifique. Ceci est montré sur certaines interfaces du SIH du CHU Hassan II de Fès et illustré dans les figures présentées ci après. Elles montrent l'importance du tableau de bord sanitaire spatial proposé par rapport à l'existant qui manque de ces composantes très importante pour la décision médicale:

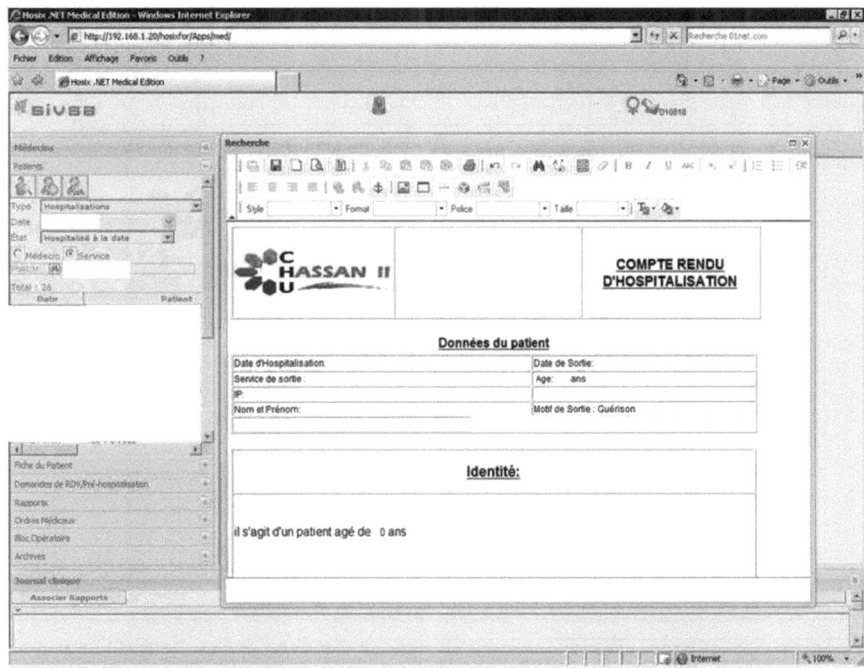

FIGURE III.2.1 : COMPTE RENDU D'HOSPITALISATION DE PATIENT.

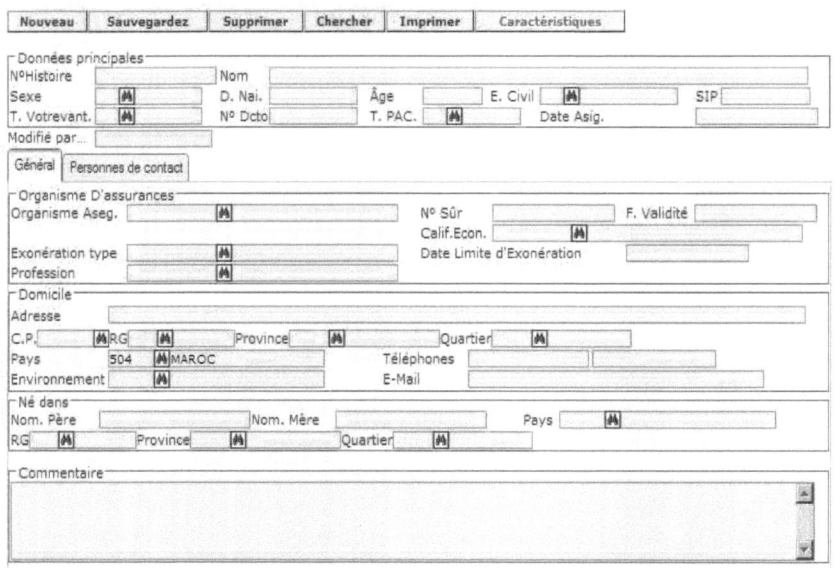

FIGURE III.2.2: APPLICATION DE SAISIE DE DONNÉES PATIENT

4 Le Centre de transfusion régional de Fès

Une attention particulière est donnée à l'amélioration de l'environnement social et la promotion de la situation des citoyens de la ville de Fès. Le centre régional de transfusion sanguine de Fès s'inscrit dans le but d'assurer des services de proximité au profit de la population.

Ses initiateurs annoncent la mobilisation d'une quarantaine d'équipes de prélèvement. Ils veulent ratisser large en augmentant du tiers le nombre des donateurs pour l'année 2013. Ainsi, le but est de reconstituer un stock de sécurité en poches de sang égal à la consommation de quatre semaines, soit la collecte de quelque 40.000 dons auprès des 16 CRTS du Royaume, 13 banques de sang et 24 antennes de transfusion. La collecte se fera également via des unités mobiles qui opéreront au niveau des lycées, universités, mosquées, et autres places publiques.

Le CRTS de Fès est d'un investissement de près de 5,6 millions de DH, cette infrastructure jouxte le Centre hospitalier universitaire (CHU) Hassan II. Cette proximité est loin d'être fortuite, sachant que le CHU est le plus grand consommateur de Produits sanguins labiles (PSL). Selon le délégué régional de la santé , l'ouverture du nouveau CRTS visait à remédier au retard d'acheminement des PSL vers les établissements de santé publics et privés, améliorer les conditions du travail et développer d'autres activités (cytaphérèse, plasmaphérèse….). L'entité répond aussi aux besoins accrus en différents types de PSL surtout de la part de l'hôpital d'oncologie offrant de nouvelles activités consommatrices du sang, tels que la chirurgie cardiovasculaires et le traitement du cancer de sang. [38]

4.1 La transfusion sanguine

LA TRANSFUSION SANGUINE est un acte thérapeutique complexe qui consiste à apporter à un patient, appelé receveur, les éléments du sang par perfusion intraveineuse qui lui font provisoirement défaut soit à la suite d'une perte de sang (hémorragie), soit à la suite d'une maladie du sang ou enfin à la suite d'un traitement (chimiothérapie aplasiante). Les différents éléments du sang qui seront utilisés pour la transfusion proviennent de donneurs de sang.

Les transfusions sanguines peuvent être divisées en deux catégories selon la source des produits transfusés :

• Transfusions homologues : les produits sanguins labiles transfusés proviennent de donneurs de sang.

• Transfusions autologues : les produits sanguins labiles transfusés proviennent de la personne qui est transfusée. Les produits sanguins proviennent donc de

---

[38]   http://www.leconomiste.com/article/904345-f-s-un-nouveau-centre-de-transfusion-lanc#sthash.Q8F51y9C.dpuf

son propre sang. Ce type de transfusion est réalisé en cas de chirurgie programmée et lorsque le patient possède un phénotype exceptionnel, ne permettant pas de trouver de donneur de sang compatible.

Le problème majeur qu'affronte la transfusion sanguine est que dans une région donnée un nombre suffisant de ces bénévoles n'est pas dispensé. Par suite la demande s'adresse à une structure différente et crée donc un déséquilibre en matière de sang dans différentes régions du royaume.[39]

Il est donc clair que le sang n'est pas seulement un facteur de vie mais plutôt un paramètre très riche en informations médicales qui peuvent s'associer au vecteur géographique montrant ainsi la relation entre une maladie et une région, entre la transmissibilité et la mobilité...

4.2 Missions du CRTS de Fès

Ce centre contribue à l'amélioration des normes de qualité, à la réduction du temps de livraison de PSL ainsi qu'au le développement d'autres activités telles que la cytaphérèse et plasmaphérèse. Pour accomplir sa mission dans les meilleures conditions, le centre a été doté notamment d'une salle de consultation pré-don, d'une salle de prélèvement, d'un laboratoire de production et centrifugation, d'un laboratoire d'immuno-hématologie et d'une chambre froide. Le CRTS a été pourvu de ressources humaines suffisantes et qualifiées pour faire face à la demande attendue sur ses services, notamment trois médecins, six assistants médicaux, huit infirmiers et un technicien de laboratoire. En plus du CHU, dont les prestations couvrent les régions de Fès-Boulemane, Meknès-Tafilalt et Oujda Angad, le CRTS va desservir 8 hôpitaux publics, 17 cliniques, 5 centres d'hémodialyse, la banque de sang de Taza, ainsi que les dépôts de Taounate et de Missour. Avec la mise en service de ce

---

[39]   http://www.toutsurlatransfusion.com/transfusion-sanguine/transfusion/qu-est-ce-qu-une-transfusion-sanguine.php

centre moderne et le lancement de la campagne nationale de don du sang, la Délégation de la santé s'attend à une augmentation du nombre de donneurs de sang, qui a atteint le chiffre de 21 044 en 2012, contre 18 837 en 2011. [40]

4.3 Hypothèse

Peut-il y avoir des relations entre le sang, les maladies, les donneurs, les proches et même la distribution géographique de tous ces facteurs ?

Une grande question à quoi l'intégration d'une composante intelligence artificielle s'impose au niveau de la modélisation. D'où la nécessité de penser à créer une ontologie de domaine et représenter géographiquement le résultat après avoir lancer des requêtes au besoin.

5 Tableau de bord sanitaire spatial

Après avoir exploité toutes ces procédures, un échantillon aléatoire de cent personnes été notre base de création de l'ontologie patient. Une carte de la région de Fès-Boulmane nous était indispensable pour la représentation géographique de l'ensemble des phénomènes observés ; principalement la répartition sanguine dans la région. En plus de la répartition géographiques le tableau de bord spatial et sanitaire a montré d'après sa richesse en information concernant les donneurs, leurs proches, leur historique… que le système actuel du CHU de Fès est très primitif d'où la volonté de migrer vers ce genre de représentations. L'ontologie a été créée dans PROTEGE 3.4.5, un aperçu de l'interface des classes est :

---

[40]   http://www.lematin.ma/journal/Le-Centre-de-transfusion-sanguine_Une-infrastructure-qui-renforce-de-facon-substantielle-l-offre-de-sante-dans-la-region-de-Fes-Boulemane/178962.html#sthash.1DHKSS2P.dpuf.

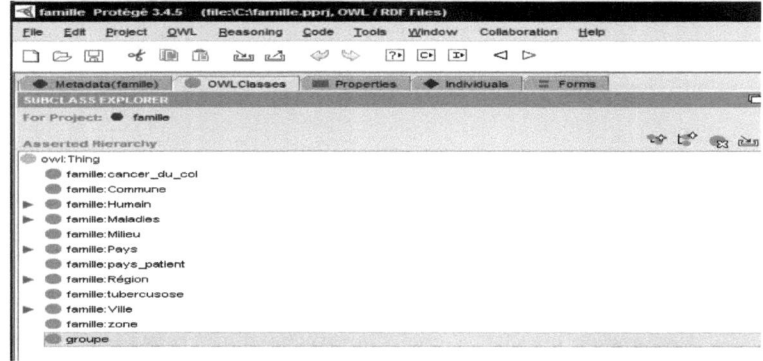

FIGURE III.2.3 : LES CLASSES DE BASE DU QUESTIONNAIRE DE L'ONTOLOGIE

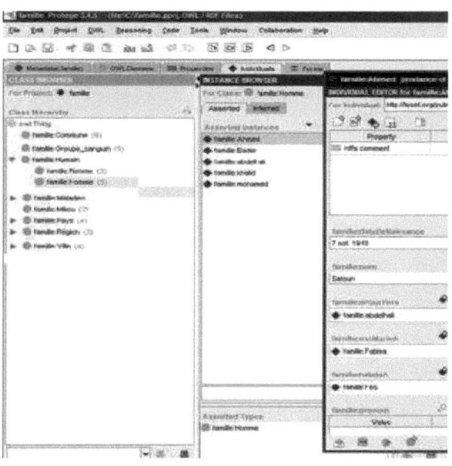

FIGURE III.2.4 : SCHÉMA DES PROPRIÉTÉS DANS L'ONTOLOGIE

Cette ontologie comme source performante de données va permettre aux personnes concernées de cerner tout ce qui concerne le donneur. Des informations figurant sur le tableau de bord déjà cité peuvent faire la différence entre une décision et une autre. Par exemple, des relations familiales peuvent faire illusions à l'hérédité. La présence d'une maladie peut faire l'objet d'une prévention dans une région au bon moment (cas de tuberculose). Une densité d'une maladie peut faire penser aux prévisions en santé vu la dynamique géographique constatée. Concernant le sang, la représentation géographique dans à l'échelle nationale pourrait éviter les ruptures de stock en sang et ne faire appel aux dons que quand il faut et là où il faut…

En réalité la liste n'est pas exhaustive mais le tableau de bord entant que tel, est certainement une nouvelle loupe pour mieux exploiter les données des donneurs de sang au royaume. Notre tableau de bord spatial permet ainsi la visualisation des indicateurs clés sous forme de requêtes à jour au fur et à mesure des saisies de données. Un deuxième cadre est réservé aux axiomes de l'ontologie qui représente le point fort de notre approche vu l'extension des données. Cette extension est traduite par la génération des données à partir de celles existante : Une personne atteinte d'une maladie transmissible affecte fort probablement son conjugué…

Le troisième et dernier cadre est réservé à la représentation géographique de la répartition régionale des groupes sanguins. Cette carte composée d'une ou plusieurs couches superpose plusieurs composantes dont le médecin aurait peut être besoin afin d'optimiser sa décision. Le pouvoir des cartes comme exprimé au premier chapitre est ressenti dans ce tableau de bord et l'invitation à son utilisation est ouverte à toute discipline et non seulement celle du don de sang.

Ci après la figure représentant le tableau obtenu :

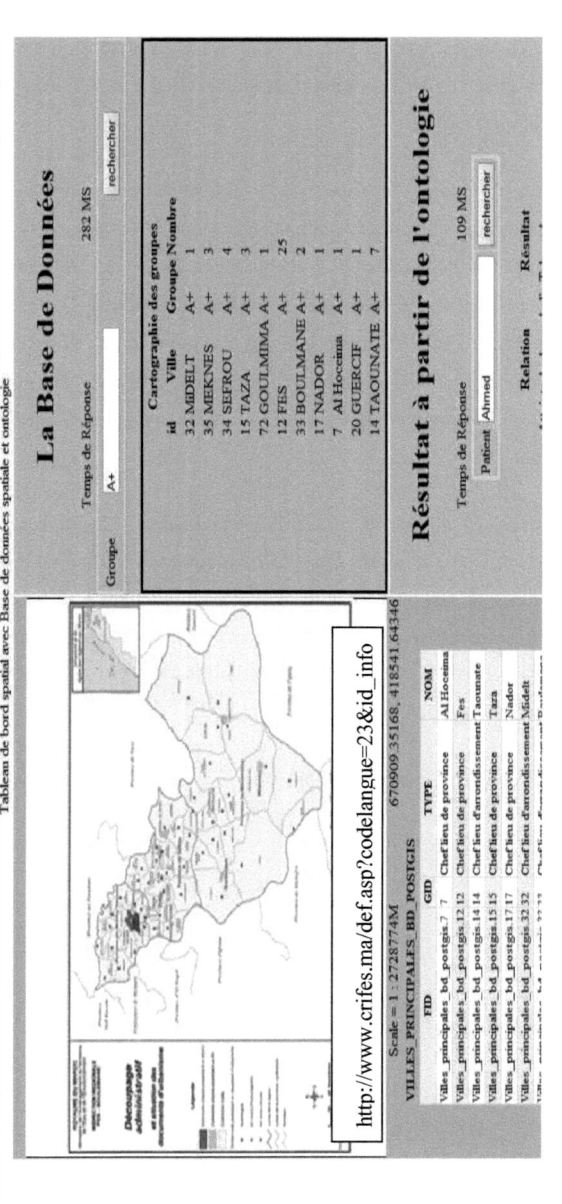

La Base de Données

Temps de Réponse   282 MS

Groupe   A+   rechercher

Cartographie des groupes

id	Ville	Groupe	Nombre
32	MIDELT	A+	1
35	MEKNES	A+	3
34	SEFROU	A+	4
15	TAZA	A+	3
72	GOULMIMA	A+	1
12	FES	A+	25
33	BOULMANE	A+	2
17	NADOR	A+	1
7	Al Hoceima	A+	1
20	GUERCIF	A+	1
14	TAOUNATE	A+	7

Résultat à partir de l'ontologie

Temps de Réponse   109 MS

Patient   Ahmed   rechercher

Relation   Résultat

http://www.crifes.ma/def.asp?codelangue=23&id_info

Scale = 1 : 2728774M   670909 35168, 418541 64346

VILLES_PRINCIPALES_BD_POSTGIS

FID	GID	TYPE	NOM
Villes_principales_bd_postgis.7	7	Chef lieu de province	Al Hoceima
Villes_principales_bd_postgis.12	12	Chef lieu de province	Fes
Villes_principales_bd_postgis.14	14	Chef lieu d'arrondissement	Taounate
Villes_principales_bd_postgis.15	15	Chef lieu de province	Taza
Villes_principales_bd_postgis.17	17	Chef lieu de province	Nador
Villes_principales_bd_postgis.32	32	Chef lieu d'arrondissement	Midelt

FIGURE III.2.5 : TABLEAU DE BORD SPATIAL SANITAIRE (CARTE ET ONTOLOGIE)

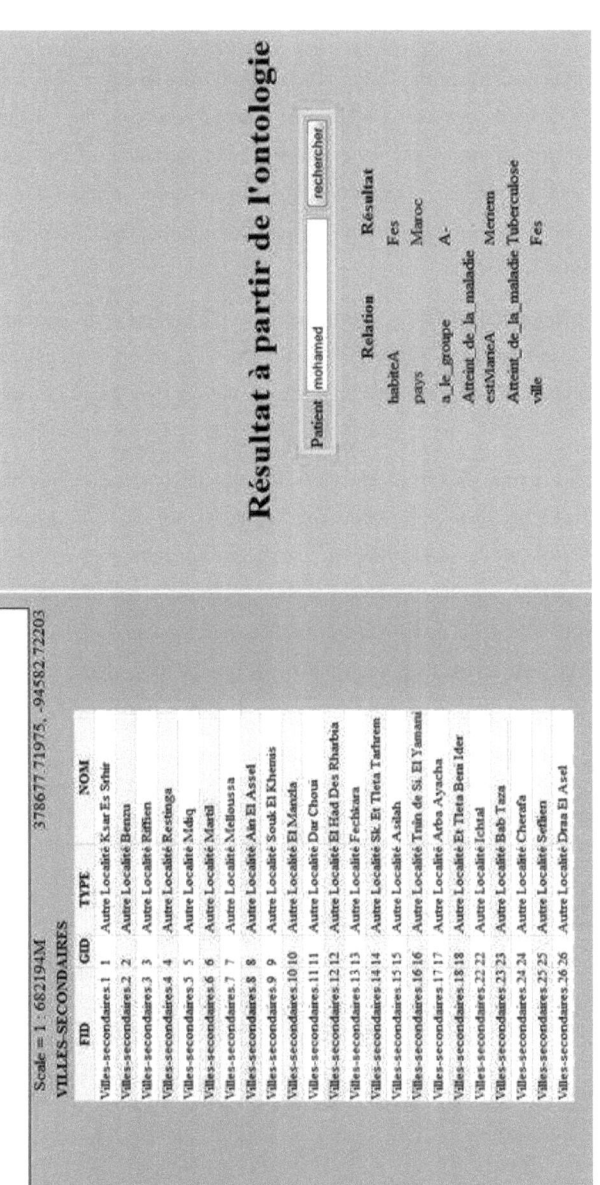

FIGURE III.2.6. : INFORMATIONS GÉOGRAPHIQUES ET DONNÉES DE L'ONTOLOGIE SUR UNE CARTE

113

6. Synthèse et Conclusion

A la lumière des autres domaines, la communauté sanitaire marocaine ne cesse de fournir des efforts considérables afin de moderniser ses systèmes d'information actuels. Par ailleurs, ces évolutions semblent encore insuffisantes vu l'émergence dans un domaine informatique en perpétuelle évolution. Cette émergence, permettra certes une avancée scientifique et technique dans le domaine de la transfusion sanguine en particulier vu la richesse des données dérivées de celle collectées des donneurs.

En effet, la répartition géographique des quantités de sang, la présence de certaines maladies et la connaissance des proches des donneurs... sont des facteurs tranchants concernant les ressources déployées pour la collecte et l'exploitation rigoureuse du sang collecté.

Parmi les objectifs de cette partie du travail est alors la mise en place d'un nouveau prototype intégrant une nouvelle approche de modélisation et de présentation de données destiné aux décideurs du secteur de la santé publique en ce qui concerne la transfusion sanguine nationale. Cet outil qu'on peut nommer Géo-portail sémantique sanitaire, a pour vocation de favoriser particulièrement le croisement de plusieurs dimensions ou données issues des centres de transfusion pour un meilleur management de la santé des donneurs.

Partie IV : Conclusion et perspectives

Conclusion et perspectives

Il y a quelques années la mise en place d'un Système d'Information Géographique paraissait précieuse et réservée aux grandes structures. Aujourd'hui les progrès informatiques et les possibilités offertes en matière de gestion et d'analyse, conduisent à la généralisation de l'outil à travers le web, autant pour la télésurveillance de la distribution des maladies en fonction des facteurs changeants du milieu que pour la gestion des programmes de lutte et d'intervention.

Cependant cette mise en place des SIG, quelle que soit la taille du territoire, reste un investissement humain et leur utilisation est liée étroitement à des domaines d'application, notamment celui de la santé. En effet, associés aux outils du web sémantique, les systèmes d'information géographiques peuvent permettre aux spécialistes de la santé la planification, la prévention et la lutte pertinemment contre des problèmes de santé publique. Ils permettent également amélioration de la qualité du processus de traitement des patients à tous les échelons.

En revanche, certaines spécificités des maladies infectieuses par exemple présentent des limites de cet ensemble de technologies. Par ailleurs l'analyse statistique et spatiale compte tenu de la complexité des liens entre la santé et l'environnement humain et physique passe par un stade sémantique et empêche les spécialistes de santé actuellement d'obtenir les bons résultats pour en donner les bonnes interprétations.

A la différence avec les données simples, les données spatiales fournissent la position, l'étendue et la distribution des phénomènes sur les territoires sur plusieurs plans : administratif, logistique ou naturel.

En effet, d'une part les moyens actuels restent traditionnels et peuvent faire le succès des projets SIG pour la santé qui reposent sur une étroite coopération multisectorielle (épidémiologie, Informatique, Statistiques, etc.). Un tableau de bord spatial présentant des données sémantiquement modélisées sur des cartes associées à des diagrammes a donc beaucoup d'avantages. Cette nouvelle approche favorise alors la localisation dans la déclaration des cas (tuberculose ou SIDA par exemple), l'adaptation de la couverture des systèmes de soin et des forces de secours aux effectifs et aux types de population ainsi que la mise en place des systèmes d'alerte pour les décideurs du domaine.

D'autre part, la visualisation des phénomènes sur une carte facilite la perception de leurs propriétés spatiales et aide à leur compréhension. Ceci inclut les caractéristiques spatiales intrinsèques (position, forme, taille, orientation, direction de déplacement, etc.) d'une maladie, les relations spatiales (adjacence, connectivité, conclusion, proximité, exclusion, superposition, etc.) et la distribution spatiale (concentrée, par regroupements, régulière, etc.). Par exemple, la visualisation des données sur une carte représentant différentes régions pandémiques nous permet de faire des comparaisons avec d'autres cartes de la même région au fil du temps pour arriver à vérifier la corrélation entre les phénomènes et avoir des précision à propos de leur évolution ce que nous ne pouvons pas obtenir lorsque nous n'utilisons humblement une table ou un diagramme. L'association des cartes à des tableaux et des diagrammes statistiques peut mener à multiplexer les dimensions d'analyse médicale

En effet, le potentiel des cartes demeure sous-exploité, car les technologies traditionnellement utilisées pour produire ces cartes supportent mal le processus cognitif des décideurs et des médecins cherchant à comprendre un phénomène, émettre des hypothèses, et découvrir de nouvelles connaissances.

L'exploitation de la donnée ou connaissance en informatique a pour but de ne plus faire manipuler en aveugle des informations par un ordinateur mais de permettre un dialogue, une coopération entre le système et les utilisateurs. Pour cela, le système doit avoir accès non seulement aux termes utilisés par l'être humain comme dans l'analyse entité-association mais également à la sémantique qui leur est associée, afin qu'une communication efficace soit possible. Les ontologies visent à représenter ces informations en étant à la fois interprétables par l'homme et par la machine. Ces dernières sont un sujet de recherche populaire dans diverses communautés notamment l'ingénierie des connaissances, la recherche d'information et le traitement du langage naturel, les systèmes d'information coopératifs, l'intégration intelligente d'information et la gestion des connaissances. Elles fournissent une connaissance partagée et commune sur un domaine qui peut être échangée entre des personnes et des systèmes hétérogènes. Elles ont été définies en intelligence artificielle pour faciliter le partage des connaissances et leur réutilisation.

Conséquemment, la communauté de géomaticiens au Maroc devait penser au développement d'applications d'atlas numériques afin d'améliorer les circonstances de traitement des patients. Cependant, les applications actuelles sont rarement déployées avec des technologies géomatiques. Ces dernières sont arrivées récemment sur le marché national et s'estiment peu exploitées. A note égard, ces applications doivent désormais intégrer la dimension géographique accouplée à des concepts sémantiques pour mieux servir le domaine de la santé public.

Les approches actuelles préconisent l'utilisation des technologies et outils du web sémantique pour concevoir le corpus et faciliter l'intégration sémantique des données, à travers leurs métadonnées. Nous avons constaté au début de ce travail que les bases de données hospitalières ne peuvent pas être directement exploitables, en l'état actuel des outils disponibles, et nécessitent donc d'être réadaptées, voire réorganisées, en adoptant une modélisation multidimensionnelle.

La diversité et la puissance des applications utilisant des ontologies laissent à penser que leur place au sein des systèmes d'information sanitaires ne peut que croître. Si les principaux projets utilisant des ontologies ne visent pour le moment que la gestion de connaissances au niveau sémantique, les ontologies médicales pourraient permettre à terme la création de systèmes capables non seulement de gérer des connaissances médicales mais aussi de raisonner sur ces connaissances et, pourquoi pas, d'en produire de nouvelles.

Utiliser une ressource sémantique telle qu'une ontologie pourrait être un moyen d'enrichir les données cliniques en vue de répondre plus précisément à des questions d'ordre médical complexes. Couplée avec une base de données hospitalière, une ontologie est utilisée comme supplément d'information et devient alors un élément indispensable à l'exploitation des données dans la recherche médicale. Le travail présenté a été réalisé dans le cadre de proposition d'une nouvelle approche pour le raisonnement sur les données médicales du CHU Hassan II de Fès. Ce travail vise à regrouper les données stockées dans différentes unités, dans un système unifié dédié à la lutte contre des maladies.

Pour répondre à des questions médicales à partir d'une ontologie. Le but atteint de ce travail est de développer une solution fusionnant tous ces aspects dans le cadre d'un web sémantique pour l'exploitation des données cliniques. Le résultat final est un tableau de bord sanitaire sémantique qui sert pour guide au médecin traitant à un moment donné. Cet outil permet aussi, entre autres, d'évaluer la performance hospitalière, constitue un outil qualitatif et statistique fiable de management et de prise de décision.

Références

(Alexaki et al., 2001) AlexakiS., Christophides V., Karvounarakis G., Plexousakis D., Tolle K., « The ICS-FORTH RDF Suite : Managing voluminous RDF Description Bases » Proceeding of the 2nd International Workshop on the Semantic web, p1-13.

(Aronof et al., 1991) Aronof S., 1991, Geographic Information Systems, a management perspective, Ottawa, WDL Publications, p 294.

(Bell, S., R.E., Hoskins, L.W. Pickel, D., Wartenberg, 2006), Current practices in spatial analysis of cancer data: mapping health statistics to inform policymakers and the public, International Journal of Health Geographics, No 5, Vol 49.

(Bhowmick, T, Gruver, A., Robinson, A.C., MacEachren, A.M., Lengerich, E., 2006), Using e-Delphi to Evaluate the Pennsylvania Cancer Atlas, Proceedings AutoCarto, Vancouver, WA, June 26-28.

(Bimonte et al., 2006) B. Sandro, A. Tchounikine, M. Miquel, « GeoCube, a Multidimensional Model and Navigation Operators Handling Complex Measures: Application in Spatial OLAP ». Actes de 4th Int. Conf. Advances in Information Systems, Izmir, Turkey.

(Bimonte et al., 2006a) B. Sandro, A. Tchounikine and M. Miquel. "GeoCube, a Multidimensional Model and Navigation Operators Handling Complex Measures, Application in Spatial OLAP". Advances in Information Systems, Databases and Datawarehouses, Springer Berlin / Heidelberg, ISSN 0302-9743 (Print) 1611-3349, pp100-109.

(Bimonte et al., 2006b) Sandro, Pascal, Anne et Maryvonne. GeWOlap: A Web Based Spatial OLAP Proposal. In : MEERSMAN Robert, TARI Zahir et HERRERO Pilar. Workshop on Semantic-Based Geographical Information Systems, 29-30 Octobre, Montpellier, France. Berlin-Heidelberg : Springer, 2006, 1596-1605 p. (Lecture Notes in Computer Science 4278)

(Bimonte et al., 2006c) B. Sandro, D. Sergio, F. Filomena et T. Anne. GeOlaPivot Table: a Visualization Paradigm for SOLAP Solutions. In Visual Languages and Computing

Workshop, 30 Août – 1 Septembre, Grand Canyon, USA. K. S. Institute, 2006, 181-186 p.

(Bimonte et al., 2006d) B. Sandro, T. Anne, M. Maryvonne, L. Robert et A. Taher. Spatial Online Analytical Processing for Environmental Data. In: CORILA. Scientific Research and Safeguarding of Venice. Research Programme 2004-2006, Vol. 4, 2005 results. Venise, Italie: CORILA, 393- 400 p.

(Bimonte et al., 2007) B. Sandro, D. Sergio, F. Filomena et T. Anne. Supporting Geographical Measures Through A New Visualization Metaphor In Spatial OLAP. In : CARDOSO Jorge, CORDEIRO Jose et FILIPE Joaquim. 9th International Conference on Enterprise Information Systems, 12-16 Juin, Funchal, Madeira, Portugal. INSTICC, 2007, 19-26 p.

(BLAZ, 98)   Blazquez M., Fernandez M., Garcia-Pinar J. M. et Gomez-Perez A. «Building Ontologies at the Knowledge Level using the Ontology Design Environment» In Proceedings of the Banff Workshop on knowledge Acquisition for Knwoledge Acquisition for knowledge-based Systems, KAW, Banff, Canada.

(Bozsak et al. 2002) Bozsak, E., Ehrig, M., Handschuh, S., Hotho, A., Maedche, A., Motik, B., Oberle, D., Schmitz, C., Staab, S., Stojanovic, L., Stojanovic, N., Studer, R., Stumme, G., Sure, Y., Tane, J., Volz, R. and Zacharias, V.: "KAON - Towards a Large Scale Semantic Web" Bauknecht, K., Tjoa, A. M. and Quirchmayr, G., eds.; E-Commerce and Web Technologies, Third International Conference, EC-Web, Proceedings, Springer, Berlin, 304--313.

(Couclelis, 1992) C. Helen. People manipulate objects (but cultivate fields): beyond the raster-vector debate in GIS. In : FRANK Andrew, CAMPARI Irene et FORMENTINI Ubaldo. Theories and methods of spatio-temporal reasoning in geographic space: International Conference Gis-From Space to Territory : Theories and Methods, Berlin: Springer Verlag, 65-77 p.

(DE BLOMAC et al 1994) DE BLOMAC F., HUBERT M., RICHARD D., TOURRET C, Arc/Info, Concept et applications en géomantique, Hermès, Paris, 256 p.

(de Vries et al, 2004) DeVries, T. J., M. A. G. von Keyserlingk, and D. M. Weary. Effect of feeding space on the inter-cow distance, aggression, and feeding behavior of free-stall housed lactating dairy cows. J. Dairy Sci. 87:1432-1438.

(Dehainsala et al., 2008) Dehainsala H., Pierra G., Bellatreche L., « OntoDB : An Ontology-Based Database for Data Intensive Applications », DASFAA'07, p. 497-508.

(Delgado, et al., 2004) DELGADO Miguel, MOLINA Carlos, SANCHEZ Daniel, VILA Amparo et RODRIGUEZ-ARIZA Lazaro. A fuzzy multidimensional model for supporting imprecision in OLAP. In : IEEE International Conference on Fuzzy Systems, 25 Juillet, Budapest, Hongrie, 1331-1336 p.

(Didier et Bouveryon, 1993) DIDIER M., BOUVEYRON C, Guide économique et méthodologique des SIG, Hermès, Paris, 330 p.

(Eveline Bernier, 2007) Marie-Josée Proulx, Eveline Bernier, et Yvan Bédard. Novembre . Revue Systématique en Santé Environnementale. Comment les nouvelles technologies de la géomatique décisionnelle peuvent aider les professionnels et décideurs en santé envrionnementale à exploiter davantage la cartographie que ce qu'offrent traditionnellement les SIG et la cartographie sur le Web. *The Nationale Collaborating Centre For Environmental Health* (NCCEH). [enligne]. http://www.ncceh.ca/files/Technologies_de_la_geomatique_nov_2007.pdf (consulté le 12 mai 2009).

(Falquet et al., 2004) Falquet, G., Nerima, L., Ziswiler, J.-C. Adaptive Mechanisms in a Virtual Hyperbook. In Proceeding of the 4th IEEE International Conference on Advanced Learning Technologies (ICALT2004), Joensuu, Finland, Aug. 30 - Sept. 1.

(Fankam et al, 2009) Chimène Fankam, Ladjel Bellatreche, Dehainsala Hondjack, Yamine Aït Ameur, and Guy Pierra. SISRO, Conception de Bases de Données à partir d'Ontologies de Domaine. Technique et Science Informatiques, 28 :1233–1261.

(Ferland, Y., 2006, Le 100e anniversaire de l'Atlas du Canada, 1906-2006), Cahiers de géographie du Québec, Volume 50, numéro 140, septembre, Pages 263-264. Disponible pour téléchargement à partir de : http://www.cgq.ulaval.ca/textes/vol_50/no_140/12-Ferland.pdf

(FERNA et al., 1997) Fernández, Y. R., McFadden, L. A., Lisse, C. M., Helin, E. F., & Chamberlin, A. B, Icarus, 128, 114

(FERNA, 97) Fernandez M., Gomez-Pérez A., Juristo N. «METHONTOLOGY:

(Gosselin, P. G. Lebel, S. Rivest, M. Douville-Fradet, 2005), The Integrated System for Public Health Monitoring of West Nile Virus (ISPHM-WNV): a real-time GIS for surveillance and decision-making, International Journal of Health Geographics, Vol. 4, p. 21.

(GRUB, 93) Gruber T. «A translation approach to portable ontology specifications.» Knowledge Acquisition Journal, academic Press.

(Joliveau 1996) JOLIVEAU Th, De la gestion à l'analyse des villes : un panorama des systèmes d'information géographique urbains, 29-39, in Télédétection et systèmes d'information urbains, coord. C. WEBER and F. Dureau. Paris, Anthropos, 380 p.

(Joliveau, 1996) Joliveau T, Gérer l'environnement avec un S.I.G. Mais qu'est ce qu'un S.I.G ? Revue de Géographie de Lyon, vol 7&,n°2, 101-110

(Laurini 1993) LAURINI Robert, MILLERT-RAFFORD, les bases de données en ????

(Marilena et al., 2008) Marilena, K. Castanas, E. Human health effects of air pollution. Environmental Pollution, Volume 151, Issue 2, Pages 362-367

(Nguyen et al., 2000) NGUYEN Thanh Binh, TJOA Min et WAGNER Roland. An object oriented multidimensional data model for olap. In : LU Hongjun et ZHOU Aoying. International Conference on Web-Age Information Management, 21-23 Juin, 2000, Shanghai, Chine. Berlin Heidelberg : Springer, 69-82 p. (Lecture Notes in Computer Science 1846)

(Peterson, Michael (ed.), 2003) , Maps and the Internet, Elsevier, 468 pages.

(Rigaux, et al., 2001) RIGAUX Philippe, SCHOLL Michel et VOISARD Agnès. Spatial databases with application to GIS. 2nd Ed. San Francisco, CA : Morgan Kaufmann Publishers Inc., 440 p.

(Robeson et Steyn, 1990) Robeson, S.M., et D.G. Steyn, Evaluation and comparison of statistical forecast models for daily maximum ozone concentrations, Atmos. Eviron., 24B, 303-312.

(Robinson, A. C., J. Chen, G. Lengerich, H. Meyer, A. M. Mac Eachren, 2005), Combining usability techniques to design geovisualization tools for epidemiology. Cartography and Geographic Information Science, Vol. 32, No. 4.

(Sugumaran et Storey, 2006) Vijayan Sugumaran, Veda C. Storey,: A Method for Improving Business Intelligence Interpretation through the Use of Semantic Technology. NLDB 2013: 408-411

(Theriault 1996) THERIAULT Marius Systèmes d'information géographique. Concepts fondamentaux, Département de géographie, Université de Laval, Notes et documents de cours no 12.85

(Tomlin, 1990) C. Dana. Geographic Information Systems and Cartographic Modeling. New Jersey : Editeur : Prentice Hall, Englewood Cliff, 572 p.

ANNEXE

QUELQUES NORMES DE L'OGC

Parmi les standards les plus connus nous trouvons les suivants :

Acronyme	Nom	Usage	Année de publication /	Version actuelle
WMS	Web Map Service	Fournit une carte au format image, pouvant correspondre à la superposition de plusieurs couches de données.	2000	1.3
CS-W	Catalog Service	Permet la publication de catalogues de métadonnées (relatives à des données ou des services) et la recherche parmi les entrées de catalogues.	1999 ?/2000 ?	2.0.2
CT	Coordinate Transformation	Transformation de coordonnées.	2001	1.0
WFS	Web Feature Service	Fournit et permet la mise à jour de données géographiques au format GML.	2002	1.1
WCS	Web Coverage Service	Fournit une couverture, c'est-à-dire de l'information géographique numérique représentant des phénomènes variant dans l'espace et le temps (par exemple MNT, images satellite...).	2003	1.1
OpenLS	Location Services	Services de base pour les applications mobiles : affichage de carte, géocodage, calcul d'itinéraire...	2004	1.1
SOS	Sensor Observation Services	Gestion de capteurs et collecte de données de ces capteurs.	2007	1.0.0
SPS	Sensor Planning Services	Service de planification de l'interrogation de capteurs (et récupération de données associées).	2007	1.0.0
WPS	Web Processing Service	Services de géotraitement.	2008	1.0

1 Nous donnons ici l'année de publication de la version 1.0 du standard (sauf exception pour le KML où la première version adoptée a été la 2.2).

TABLEAU A.1: LISTE DES PRINCIPAUX STANDARDS DES SERVICES DE L'OGC

(HENRI PORNON ET AL, 2008)

Ainsi que les standards de formats de l'OGC comme montré sur le tableau numéro 2 ci dessous:

Acronyme	Nom	Usage	Année de publication	Version actuelle
SF	Simple Feature	Format de stockage de et d'accès aux données géographiques vectorielles.	?	1.2.0
GML	Geography Markup Langage	Format d'échange de données géographiques vectorielles.	2000	3.2.1
SLD	Style Layer Descriptor	Permet aux utilisateurs de fournir des informations sur la symbologie et les styles pour l'affichage d'une carte (données WMS ou WFS).	2002	1.1.0
FE	Filter Encoding	Décrit un encodage XML pour les expressions de requêtes.	?	1.1.0
WMC	Web Map Context	Sauvegarde d'un état de la carte affichée par le client, la carte pouvant être constituée de plusieurs couches issues de différents serveurs.	2003	1.1
SensorML	Sensor Model Langage	Langage de modélisation pour les capteurs.	2007	1.0.0
CityGML	City Geography Markup Language	GML application schema pour le stockage et l'échange de modèles de données 3D urbains.	2008	1.0.0
KML	Anciennement Keyhole Markup Langage	Format permettant l'affichage de données géospatiales.	2008	2.2

TABLEAU A.2 : STANDARDS DE FORMATS DE L'OGC (HENRI PORNON ET AL, 2008)

la FGDC (Federal Geographic Data Committee) et en collaboration avec l'ISO (International Organization for Standardization (ISO) œuvre pour le développement, l'utilisation, le partage et la distribution des données géospatial. Ci-dessous une figure montrant l'ordre chronologique jusqu'à l'établissement des standards ISO propre aux métadonnées géospatial :

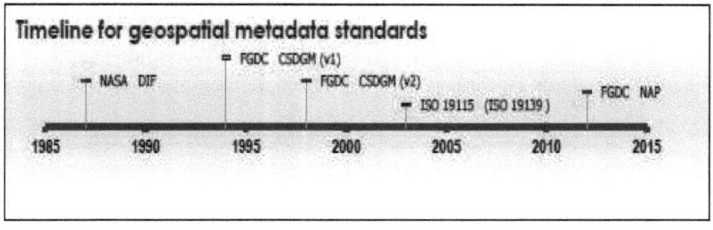

FIGURE A.1: HISTORIQUE DES STANDARDS DES MÉTADONNÉES (HARE, 2011)

128

Ci-dessous un tableau récapitulatif des standards les plus connu avec la version la plus récente:

	Standards traditionnels	Standards récents
Jeux de métadonnées	MARC	Dublin Core MARC-XML, MODS EAD LOM...
Cadre générique d'implémentation	ISO 2709 ISAD(G)	XML RDF espaces de nom URL
Protocoles	WAIS FTP Z39.50	HTTP OAI-PMH SRU/SRW

TABLEAU A.3: RÉCAPITULATIF DES STANDARDS

La norme MARC (Machine-Readable Cataloging record) :(LOC.gov, 2012)

(http://www.loc.gov/standards/; http://www.loc.gov/marc/umb/)

Est un standard de stockage et d'échange, d'enregistrement bibliographique et d'information lisible par les machines. Ce standard est conforme au standard ISO 2709 :1996.

Cataloging record: est un enregistrement d'information bibliographique. Exemple d'information qu'on peut trouver : la description, enregistrement principal et supplémentaire, les titres et la classification.

Norme Dublin Core : est une norme dont les éléments ont été produits lors du workshop organiser par la NCSA (National Center for Supercomputing Applications) à Dublin, de l'Ohio. L'ensemble de développement de cette norme est poursuivie par le DCMI (Dublin Core Metadata Initiative). Le premier objectif de cette norme était de définir les éléments que les auteurs des ressources électroniques, peuvent utiliser sur le WEB (NISO, 2005).

Le protocole Z39.50 : (LOC.gov, Z3950, 2012) et (Lahary, 2003), est une norme américaine de l'organisme NISO, adopté par l'ISO sous le nom 23950. Son objectif est de permettre l'interrogation simultanée des bases de données distantes et hétérogènes. En normalisant les requêtes envoyées par le client vers le serveur.

XML (W3C, 2004) : le Markup Language, est un langage informatique, utilisé pour créer des documents XML pour décrire une classe de donnée. L'XML est une forme plus restrictive du SGML « Standard Generalized Markup Language, standard ISO8879 ».

Parmi les objectifs définis lors de la création de ce langage par le « XML Working Group », qui fait partie du consortium W3C :

Un document XML est clair, concis et facilement compréhensible par un humain, XML est compatible avec SGML, RDF (W3C, RDF, 2004) (Resource Description Framework)

Est un modèle standard d'échange des données sur le WEB. Développer par le RDC Working Group sous le W3C et publier en 2004.

Parmi les caractéristiques du RDF : la fusion de donnée, même ceux qui ont des caractéristiques (schéma) différentes. Ce qui facilite l'interopérabilité entre différentes applications.

Le RDF est l'élément de base du Web Sémantique (Tauberer, 2005), l'objectif du RDF est pouvoir représenter tous données, en petit élément, selon certain règle du sémantique. Le format structuré du RDF permet aux applications informatiques une meilleure utilisation des données.

On peut utiliser RDF pour différentes raisons :

Pour permettre le partage des données des différentes sources.

Pour offrir vos données pour une réutilisation différente.

Pour décentraliser vos données.

URL (Uniform Resource Locator) ou l'adresse universelle (selon le journal officiel de france) ou l'adresse web. L'URL est une chaine de caractère, composé de deux éléments :

<scheme>:<scheme-specific-part>

Cette chaine permet d'identifier le chemin vers des ressources web : page web, video, document, image...

La description de cette notion (T. Berners-Lee, 1994) a été introduite par le consortium WWW.

2.1 Norme ISO 19115/ISO 19139 (ISO, 2009)

L'ISO a défini une suite de standard reconnu à l'échelle international, pour définir les caractéristiques des métadonnées géographique :

En premier, Le standard ISO de métadonnées pour l'information géographique, est l'ISO 19115. La version depuis 2003 de ce même standard est l'ISO 19115 : 2003.

L'ISO 19115 -2 définie les métadonnées des imageries, pour ce qui est des métadonnées des services c'est la norme ISO 19119.

Finalement, la norme ISO 19139, qui définit une implémentation XML du standard ISO 19115. La version 2009 de cette norme est l'ISO 19139-2.

La norme ISO 19115 propose bien entendu de nombreux autres attributs permettant de caractériser un jeu de données. Enfin, dans le cas où les critères proposés par l'ISO ne sont pas satisfaisants, la norme délivre le cadre pour définir ses propres critères.

Cette catégorisation est résumée par la figure 3 :

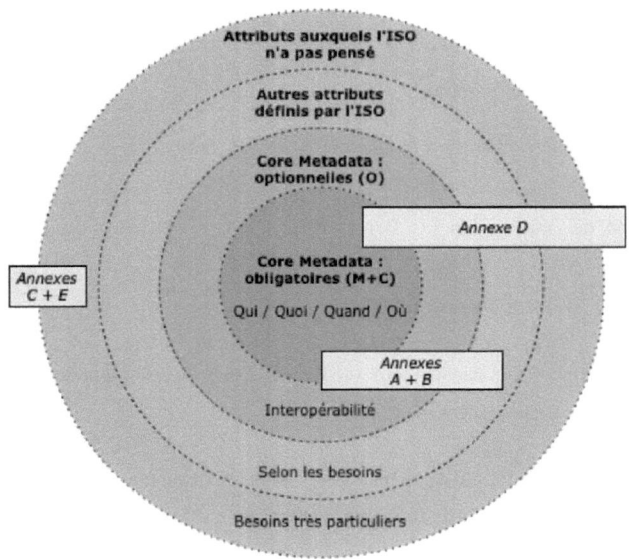

FIGURE 7: CLASSIFICATION DES ATTRIBUTS DE MÉTADONNÉES SELON LA NORME ISO 19115

http://veille-techno.blogs.ec-nantes.fr/index.php/2012/01/06/inspire-la-norme-iso-19115-en-details-part-1/